日本型経営の擁護

嵯峨一郎
Saga Ichiro

石風社

はしがき

（一）

この十年余り、日本で起きた喧噪はいったい何だったのか。

いうまでもなく、バブル崩壊と引き続く深刻な不況がこの時期を覆い尽くした。だが語弊を恐れずに言ってしまえば、それだけなら話はまだ簡単であった。混乱した言説がまかり通り、これが日本の未来を見据えようとする努力に多大な悪影響をおよぼしたからであり、またこのことの方がはるかに深刻な問題だったからである。

今回の不況にみられた著しい特徴は、ちょうどリストラクチャリング（Restructuring 再構築）なる用語が流行語になったことに示されるように、もはや日本のこれまでの手法が全く通用しなくなったと主張された点である。そもそも再構築というのは、修理や手直しとは根本的に意味が異なる。それまでの構造物を土台から破棄し、その上に全く新しい構造物をつくることを意味するからだ。つまりマスメディアによってつくりあげられた世論は、端的にいえば、もう日本型経営なんかやめよう、こんなことをやっていたら二一世紀には日本は消えてなくなるぞ、と喧伝したわけである。こうした世論を反映してなのだろう、「新しい」「新たな」といった語は、おそらく今日もっとも流行している形容詞となった。

喩えが俗っぽくなるが、日本の伝統的な木造建築は不断に手入れをし修復を重ねなければすぐに原型をとどめなくなる。企業はもちろん、いかなる組織もその点では同じである。組織を維持していくために、リーダーたちは不断に再調整したり修復したりの毎日を過ごしているはずだ。その意味での改善や改革が必要不可欠であることに関しては、私にも異論は全くない。だが、もう木造建築など時代遅れだ、これからは抜本的に新しいコンクリート製建築に住もう、などと主張されたら話は別である。木造建築のどこが悪いのか、と聞きたくなるのは私だけではなかろう。

今ではリストラなる流行語は解雇や首切りと同義に受け取られている。たしかに過去何回かの不況下でも、企業によるいわゆる合理化、賃金カット、配置転換や人員整理というものはあった。私が知る範囲では、そうした状況に遭遇した企業の経営者たちは、時には労働組合からの厳しい糾弾もあって、自らの身を削って対応に追われたものである。企業危機に際してその負担を従業員に負わせることは、たしかにやむをえない面はあったにしても、少なくとも経営者にとっては世間におおっぴらに顔向けできることではなかった。ところが最近では、決して多数というわけではないが、得意満面になって「リストラが必要だ」とくちばしる経営者に出会うことすら珍しくなくなった。とにかくバスに乗り遅れまいとする焦りがはっきりと伺えはするのだが、しかし首切りがここまで使命感をもって語られてしまうと、それはもう経営者モラルの崩壊だと言うほかはなくなる。ついでに指摘しておくが、リストラが安易に語られ実行されれば、それは目の前にいる従業員に危害がおよぶばかりか、将来の従業員、つまり高校生や大学生たちの人生にも暗雲をただよわせてしまうのである。今やどこの大学にもフリーター予備軍が無視できぬほど存在するが、かれらをただの怠け者とだけ決めつけるのは筋違いである。

（二）

いずれにせよ、平成不況下にあって日本型経営はあたかも諸悪の根源であるかのごとく語られてきた。しかし、少しでも冷静になってふりかえってみれば、実に奇妙、甚だ奇怪な話である。一九八〇年代まで日本の世論はおしなべて日本企業の競争力に自信を持ち、日本型経営を絶賛してきたはずではなかったのか。また私じしんも末席を汚す研究者たちの間では、自動車や家電製品など日本の物づくり経済における生産性がいかに高く、いかにフレクシビリティに富んでいるかが大きな話題になっていたのではなかったのか。

大げさに言えば論調が一夜にして逆転してしまったわけだ。それは、日本企業をめぐる環境が変わったのだからそれに対応していかなければならぬ、などといった分かりやすい話ではない。昨日までの歴史とはさっぱり縁を切って出直そうというわけだから、かつて日本の学校で教科書に墨を塗ったのと変わらぬくらい深刻な話である。事実、それ以降「日本叩き」に奔走したのはアメリカのリヴィジョニスト（日本見直し論者）たちだけではなかった。むしろ日本の知識人やマスメディアの方が、率先しかつ事細かに、日本の社会体質が国際的に通用しない代物であることを論じたてた。そして「価格破壊」「構造改革」「ＩＴ革命」などというスローガンが飛び交うことになったのだが、これらが不況克服に少しでも貢献したのかどうかは考えるまでもなかろう。しかも、こうした改革論議の喧噪にもかかわらず、日本の姿が今後どう変わっていこうとしているのかがさっぱり見えてこない。

私が特にこだわりを感じてきたのは、以上のような言説の混乱にたいしてであった。混乱するレトリックをどのように読み解き、それをどう評価したらいいのか、と。だがこの作業は、当初考えていたほど簡単なものではなかった。

経済学者なら不況の原因と構造そのものが研究対象になるのだろうが、私の専門は日本経営論と労使関係論だから、おのずと日本型経営をめぐる言説について関心が向くことになる。だが、日本型経営の何たるかについて考え、あれこれの言説をどう評価すべきかを考えるということは、ただちに、私じしんの視点を洗い直すことでもあった。私的なことで恐縮だが、私は若いころ学生運動、労働運動の世界に身を置いた時期があり、運動が破綻したのちも左翼思想の残滓はぬきがたく残りつづけていた。それについては本論で詳しく述べたいと思うが、いずれにせよ自分の来し方について根本から振り返るべき時期が来たわけである。

ここで思い起こすのはＧ・Ｋ・チェスタトンの次の言葉である。

伝統とは、あらゆる階級のうちもっとも陽の目を見ぬ階級、われらが祖先に投票権を与えることを意味するのである。死者の民主主義なのだ。単にたまたま今生きて動いているというだけで、今の人間が投票権を独占するなどということは、生者の傲慢な寡頭政治以外の何物でもない。（中略）われわれは死者を会議に招かねばならない。古代のギリシャ人は石で投票したというが、死者には墓石で投票して貰わなければならない。（『G・K・チェスタトン著作集1』春秋社、七六ページ）

全共闘型の発想、もっといえば戦後民主主義の発想は、このような深みのある思想から最も縁遠い地点にあった。だから私および周辺の世代は、学問と教育の場における権威の体系を破壊することに少しのこだわりも感じることはなかった。権威の秩序の根底にあるのは信頼そのものにほかならず、いったん傷ついたり破壊されたりすればその修復はきわめて困難になる。しかも破壊され傷ついたのは大学だけではなかった。その影響は大なり小なり社会全般におよんだのであり、次世代の人たちをニヒリスティックに生きるよう仕向けてしまったのである。日本型経営をめぐる多くの言説もその例外ではなく、その破壊的性格は全共闘型発想の延長上にある。

本論で私は何人かの論者をとりあげ、批判を加えさせてもらった。そのつどお断りしたが、ほとんどの論者とは面識もなく、個人的に何がしかの関わりもあるわけではない。今日の世論をそれぞれ代表しているからとりあげただけであって、他意は全くない。そしてその多くが全共闘型思考を引きずっているという点において、私の批判の少なくとも半分は私じしんに向けられたものである。

くれぐれも誤解しないでいただきたいが、私は、ためにする批判を行なうつもりは全くない。私たちはしばしば、理論とその人の個人的感情がないまぜになったようなものに出くわすことがある。理論と感情とが分離しておらず、理論が感情の仮面になっているのである。ある言説を洗ってみたらその人の好き嫌いといった感情の垢だけしか残らない、というわけだ。だが人間は、自分の感情に責任を持たなければならない。この厄介な感情を少しでもコントロールするためにこそ、理論は必要となる。私の努力もそこに向けられている。

本書をまとめるきっかけになったのは、平成十二年春から月刊誌『発言者』に「日本型経営と労使関係」と題する連載を執筆したことだった。この連載は、それまで私のなかで燻りつづけていた問題を整理する絶好の機会になった。そればかりか、同誌の執筆者諸氏からはいつも新鮮で鋭い刺激をいただくことができた。主宰者の西部邁氏および執筆陣の皆さんには厚く感謝している。

本書の大半はその時の文章から成り立っているが、まとめるにあたって大幅な加筆と補正がなされている。なお第四章の初出は『熊本学園商学論集』第六巻第二号（一九九九年十二月）所収論文であり、第四章補論は、『日本労働社会学会年報』第十二号（二〇〇一年）所収の拙稿を転載したものである。

また本文には学生や大学院生とのやりとりがしばしば顔を出すが、私が授業をつうじて得たものは決して少なくない。大学生の学力低下が叫ばれており、私もあながち否定するつもりはないが、同時に、学生たちとの表面的なつきあいに終始する教師の側にも責任の一端はある。どうしたら学生たちに納得してもらえるかについて、私たちがもっと情熱と努力をそそぐことができれば、教師の側にとっても授業から得られるものは大きいはずなのである。学生たちとの対話がなければ、本書はもっと味気ないものになっただろう。

本書を出版するにあたり、三原浩良氏には貴重なアドバイスをいただくなど大変お世話になった。そして石風社代表・福元満治氏は二つ返事で本書の出版を引き受けて下さった。ご両人には心から感謝の念を申し上げるとともに、こうした優秀な編集者との出会いを私は本当にうれしく感じている。

なお本書は、熊本学園大学出版会の助成金を受けて刊行されるはこびとなった。出版事情がますます厳しくなっていると聞くが、本学のこのようなご好意にあまえることができて大変幸せである。

平成十四年九月十二日

嵯峨　一郎

日本型経営の擁護◉目次

第一章　世論の混乱

プロ意識の消滅

私はタクシー愛好家の一人である。ところがしばらく前、ちょっと憂鬱になるようなことが起きた。

自宅の近くにもう十年以上もお世話になっているタクシー会社があるのだが、経営者が交替して一気に「リストラ」をやったため乗務員の半数以上が入れ替わってしまった。おそらく私一人ではなかろうが、タクシー愛好家には奇妙な性癖があって、家に帰るのにも一定の経路を通らないとどうにも落ち着かないのである。新しい運転手さんにはいちいち説明しなければいけないし、それでも道順をちょくちょく間違える。新しく来たばかりの彼らに責任は全くないのだが、しかしそんな時、途中下車したくなるほど車内のせまい空間は冷たく凍りついてしまう。

タクシー会社の給与は一般に歩合給が中心である。たとえば一カ月の水揚げのノルマは四十万円以上、というようにノルマが設けられており、これを超える超えないでは収入が大幅に変わってくる。ノルマを超えないと生活できないという歩合給の性格は、一般のセールス業務とも共通している。だからタクシー業界では年功賃金はまず存在しないし、若くて体力のある乗務員が深夜に飛ばしまくってベテラン以上の高収入を手にするわけである。

一般によく、タクシー会社では従業員の出入りが激しいといわれているし、その面は確かに否定できない。だが実は、年功賃金ではないにもかかわらず、かなり多くの乗務員たちはひとつの会社で定年まで勤め上げているのである。理由ははっきりしている。ひとつの会社にとどまることによって乗務員は、地元の地理ばかりでなく、馴染み客一人ひとりについての情報を蓄積するからである。馴染み客がどの場所、どの時間に乗ったかで、乗務員はこの客をどこへ運べばいいのかがただちにピンとくるわけだ。こうした蓄積の上に客との信頼関係も生まれるのであって、これこそ乗務員のみならず会社にとっても最大の財産のはずである。私が解せないのは、「リストラ」と称してわざわざ自らの財産を切り捨ててしまっている点である。というわけで、顔なじみの運転手さんと久々に会うと、グチの言い合いが車内での会話の定番になった。

のっけから、これまたグチみたいな話になったが、私は悪口に終始したいわけではない。文句のひとつくらいははっきり言わせていただくのは客としての礼儀でもあると私は考えているし、苦情を聞いていただける間は同社にお世話になりつづけたいと思っている。

さて、実はこれと同じような話は私の周囲にも決して珍しいものではない。これも外資系保険会社の知人から聞いた話だが、社内に派遣会社からのスタッフが増え、そのため客への対応が麻痺状態になったという。これら派遣スタッフは接客には慣れているものの、派遣先の事情に疎いので顧客からの質問に答えられない。仕方がないから大急ぎで社員たちが教え込むのだが、スタッフたちがちょうど仕事に慣れてきた一年後には派遣会社が別のスタッフと入れ替えることになっている。社員はまたゼロから教え始めるわけだ。なんとも酷い労力の無駄の繰り返しなので知人は本社に事情を訴えたのだが、現場の意見などまるで無視されたとのことである。

これも私だけの体験ではないだろうが、最近は、書店に問い合わせの電話を入れると無性に気分が害されることがある。いくつかのしっかりした書店を除き、応対にでるのはほとんどがアルバイト店員である。書名を告げると、名の通った新書や叢書であっても一回は聞き返してくる例が珍しくなく、さんざん待たされたあげく「切れております」と悪びれもせず言う。たまたま最近読んだ本のなかで、岩波書店のことを「ガンパ書店」と呼んだ店員がいたと書いてあって私もたまげたが、まあそんなものかも知れない。だから私はもう書店に電話で問い合わせることはやめて、直接足をはこんで本がなければ黙ってそのまま引き上げることにしている。

こんな光景が身近で頻繁に見聞きされるようになったのはつい数年前からのことである。すべてが軽く、いい加減になってきた。そういえば最近のマスコミでは、「これからの日本は規制緩和を推し進めて労働市場の流動化をはからなければいけない」という意見がやたらと目につく。なんのことはない、職場や店内から「プロ意識」が消え去っただけの話なのである。

年俸制の報道と真実

私の大学でも卒業生の就職率は年ごとにダウンする傾向が続いている。だがその背景には、特に男子学生の意識と行動の変化を読み取ることができる。

就職率の数字をみて一見奇異な感じがするのは、女子学生の就職率が男子に決して見劣りしないばかりか、むしろ学科によっては男子を上回っている点である。その真相はというと、女子学生の場合は世間体や親の監督が厳しいからだろうが、たとえ希望のランクを落としてでもとにかく就職してしまうことに必死になる。だから女子学生にとっての障壁は求人件数の狭さそのものだといっていい。これにたいし男子の場合はやや事情が異なる。たしかに「下手な鉄砲数打ちゃ当たる」式のずぼらタイプは相変わらずみられるが、むしろ注目すべきは厭戦気分が急速に広がっている点である。「必死に就職活動したところで企業が一生面倒をみてくれるわけではない」というわけで、それなら無理しないで自分の好きなことが見つかるまでバイトで食いつなごう、ということになる。就職率の低迷が叫ばれながら、学内の雰囲気が意外にサバサバしているのも、こんな諦めとも割り切りともつかぬ背景があるのかもしれない。(1)

日本企業に伝統的だった終身雇用や年功賃金にたいし、学生たちはほとんど信頼感を持たなくなった。あるいは、「日本的経営のもとでは競争がないから無能な従業員でも抱え続けなければならない」というのはとんでもない謬見で、それが事実なら日本の製造業がここまで生産性を高めるはずがないと、ちょっと考えればすぐわかりそうなものだが、こうした謬見は学生の間にも広くみられるようになっている。が、それは学生だけの責任ではなく、日夜くりかえされるマスコミ世論の反映にすぎない。かくして私が授業で勤しむべきは、京極夏彦の小説に出てくる「京極堂」よろしく、学生たちに取り憑いた憑き物を落とすことであると考えているのだが、なかなか小説のような具合にはいかない。

マスコミの論法には、人びとの深層に食い込む一定のパターンがある。一般的にいって、「革命」や「改革」を叫ぶとき、過去を暗黒ないし誤謬の一色で塗りつぶしてしまうというのは歴史の節目に必ず登場するレトリックの定番だといっていいが、今日の世論も全く同じである。一例を紹介しよう。

近年になって年俸制を導入する企業が目立っている。およその新聞記事は、年俸制導入により例えば今後は実績に応じて賃金が支給される、格差は拡大する、などといった側面を伝える内容になっている。しかし、当たり前の話だが、事象の全体像をまず伝えるのでなければそれは事実とはいえない。喩えていえば、AとBの二人が殴り合っているのを「AはBを殴りました」とだけ伝えたら、事実そのものとは違ったイメージを抱かせてしまう。年俸制に関する報道もこれと大同小異で、「年功賃金の全面否定の上に年俸制が導入された」という印象を与えるものがほとんどである。

伝えられているのは事実の一面に過ぎない。つまり、では現実にはそれがどのように運用されているのかが、まるで欠落しているのである。これも喩え話でいうと、道路標識の「速度制限・時速四〇キロ」が現実に行き来するクルマのスピードを表現していないのと同じである。先に結論をいってしまえば、ほとんどの年俸制は従来の年功賃金の全面否定になっているわけではなく、年功賃金を実績給の方向へと修正したもの程度の内容だ、というのが正確なところだろう。

理由の第一は、ほとんどの場合年俸制の適用対象は部課長以上の管理職クラスに限定されており、それを一般従業員にまで広げるのは無意味だというのが経営者たちの共通認識となっているからである。規模からいって大騒ぎするほどのものではない。第二に、たとえばプロのスポーツ選手のような場合には「キャンセル方式」といって、前年の年俸がいかほどであろうと、それとは関係なしに今年は今年の実績に応じて年俸が決定される。しかし企業での場合は「積み上げ方式」といい、前年の年俸を基準にしてそれにどのくらいプラス（あるいはマイナス）するかで決定されるのが大半なのである。年俸が上がるにせよ下がるにせよ、その幅は知れている。ここには年功制とどう折り合いをつけるかという発想がはっきりみられるわけである。そして第三に、そもそも年俸制導入を人件費削減という視点からのみ理解しようとするのは筋違いだということである。適用対象が管理職に限定されていることからも想像できるように、職場の管理職にいかにして目的意識を持たせるのかという、管理職強化にこそ本当の眼目がある。一般に日本企業の職場では、労働組合の役員ではなく、管理職こそが職場集団をまとめる扇の要となっており、したがって管理職の資質が職場を左右するからである。その管理職がやる気をなくしたら元も子もない。だから年俸制導入と併行して、各自の目標設定、実績評価などについて上司との話し合いがくりかえしおこなわれる。

このように年俸制導入といっても、その現実の運用面では従来からの年功制を捨て去っているわけでは決してなく、まさに「積み上げ」ていくという慎重さが保たれている。事実、ある人事担当者は「年俸制をドライに運用すれば会社は壊れてしまいますよ」と断言していた。

ただし世のなかにはこれとは違ったケースもあるらしい。あるテレビ番組で報じていたが、業績トップの社員に五千万円のボーナスをはずんだ企業があった。その社員は「来年はこの倍をめざしますよ」とはりきっていたが、しかし彼がボーナスで買ったのは六万円の洗濯機だけで、残りはすべて預金にまわしたのだという。ひょっとしたら将来のボーナスがゼロになる可能性だってありうるからだ。年収の倍々ゲームに勤しむのはけっこうだろう。しかし問題は、いつまで彼の神経が持ちこたえられるかである。

以上に述べたことは私の狭い観察から得られたもので、あるいは違ったケースがあるかもしれない。しかし年俸制の例ひとつとってみても、事実の一面しか世に伝えられておらず、それが「改革」ブームを不必要にまで煽る結果になっていることはおわかりいただけるであろう。これには、私たち研究者にも大いに責任がある。

マスコミ報道がおしなべてこの調子だから、私の授業では新聞のコピーは必須の教材である。たとえばこんな具合に解説するわけだ。「この新聞には、日本の失業率が上昇して大問題だと書いてある。どこか変だとは思わないか。リストラを大胆に推し進めよ、立ち遅れれば二一世紀初めには日本は消滅するぞと毎日のように書いてきたのは新聞のはず。従業員を解雇すれば失業が増えるのは小学生にもわかる道理だ。だからマスコミは、失業の増大はリストラが順調に進んでいる証拠だとして大歓迎しなければいけないはずではないか」と。学生たちは、それも変な話だなというような顔をして聞いている。

あるいは、強引な借金取り立てで一躍名を馳せた「日栄」について私は褒めちぎってみせる。「成果主義という言葉を知っているだろう。成果主義の最先端を行っているのが日栄という会社だ。ノルマを達成しない管理職にたいしては社長自らクビをいいわたす。借金を返さない不届き者にたいしてはどんな手段を使ってでも筋を通す。利子が高くたって、ニーズがあるのだからと胸を張って答える。これほど市場原理に忠実な会社はない。グローバリズムの時代を担っていく模範的企業こそ日栄である」と。学生たちは、ますます変な話だという顔をする。

今日の世論と知識人たち

欧米価値観の直輸入

ここで、今日の世論を代表するような主張を紹介しよう。まずご登場いただくのは世上「辛口評論家」などと呼ばれている佐高信氏のものだが、私は佐高氏がどんな人物なのかを詳しくは知らないし、関心もない。私が関心を持つのはあくまでそのレトリックであり、だから以下の紹介も原文に忠実というわけではない。

佐高氏はまず、ＥＣ（欧州共同体）役員をしている人物（国籍はわからないが欧州人である）を登場させる。そしてその人物は、夜中まで煌々と明かりをつけている日本企業を見ながらこう語ったという。

「われわれヨーロッパ人には三つの義務がある。職業人としての義務、家庭人としての義務、それに地域社会と国家に奉仕する義務がそれだ。ところが日本人たちは市民としてのこれらの義務に従っていない。だから日本人は軍人に近い。ところで軍隊と市民が闘ったら軍隊が勝つのは明らかだ。このような競争はアンフェアであり、勝敗の結果もアンフェアではないか」と。原文ではこれが滔々たる演説のごとく述べられているのだが、主旨は以上のとおりである。

だが佐高氏はこの発言にたいしていささかの反論もおこなっていない。それどころか佐高氏はすっかり痛み入ってしまっている。「知人」の口を借りるなどして、佐高氏はこう述懐する。「経済大国」日本の実態がこれなのだ。私はこれまで何度も日本は、「会社は富んでいるけれども社員は貧しい国だ」と書いてきたが、会社や国を富ませて日本人は何を得たのか。日本人の第二の天性となってしまったモノカルチュアは疑いもなく日本の復興と成長を支えたが、今後の成熟化の世界の中では、それは国際国家、世界国家たらんとする日本の足を引っぱることになるのではないか――と。

私はこの文章を読んで唖然とした。

もちろん私にはこの「EC役員」なる人物が何者かは知る由もない。私の海外生活はごくわずかなものだが、しかし「われわれヨーロッパ人」などという主語はまるで聞いたことがないし、同僚のアメリカ人教師に聞いても「あまり例がない」という。考えてみれば当然である。たしかにヨーロッパはキリスト教文明圏ではあるが、同時にその歴史は諸民族の対立・抗争に彩られているから、「われわれフランス人は」とか「われわれドイツ人は」と呼ぶのが普通なのである。また「アンフェア」なる単語は「卑怯な、法的に不当な」というほどの強い意味であり、日常会話で滅多に使われるものではない。もともと敵意を抱いていなければこんな言葉は口をついて出るものではないそうだ。そして最も奇妙なのは、この役員が日本人を「軍人」と同一視し、「軍隊と市民が闘ったら軍隊が勝つのは明らか」だ、だからアンフェアなのだと、恐るべき牽強付会をおこなっていることである。

私はこの「EC役員」なる人物は佐高氏の創作ないし脚色に近いと勝手に推測しているが、仮に実在だとすると、ヨーロッパには最低限の礼儀はおろか単純な論理的思考すらわきまえぬ奇人がいるものだと、逆に驚かされる。となると、ここでもっと単純な疑問がわきあがってくる。いったい佐高氏はなぜこんな奇妙な人物の奇妙な言辞を深刻に受け取る必要があったのか？　あまり上等ではないジョークを聞かされた時のように、さらっと聞き流しておけばすむことではなかったのか？

皮肉な話だが、実は佐高氏の論法こそ「モノカルチュア」なのである。佐高氏の論法が明治以降の日本の知識人によくみられた発想パターンと全く同じだからだ。つまり、西欧の価値観を基準にして日本を尺度し、「日本はこれほどまでに遅れている」と結論づけるやりかたがそれである。それによって、日本と西欧との間に横たわる文化や伝統の差異はいっさい無視され、もっぱら「進んでいる」「遅れている」という進歩の度合いだけが強調される。それでも福沢諭吉や夏目漱石といった明治の先人たちには、西欧文化の流入と日本の伝統文化との葛藤に苦しみ、後者が急速にすたれていくのを嘆くところがあった。ところが佐高氏の場合になると、こうした内面的葛藤はみごとにない。外国人の口を借りてひたすら日本の現実の「遅れ」を断罪するのみである。私は決して、西欧の歴史や文化を学ぶことが有害だなどと言いたいわけではない。進歩史観が日本に直輸入され、知識人たちがそれに同化してしまうことにより出口のない劣等意識に凝り固まる、そこがおかしいと言いたいのである。

こうした論法は、しかし、今日にいたるまで依然として残っているどころか、平成不況のもとで猛威を奮うにいたった。

ふりかえってみると、一九八〇年代まで世界も日本もこぞって「日本企業の強さ」を論じてきたのである。事実、危機に瀕したアメリカ自動車産業は日本型経営を導入して一息つき、マレーシアのマハティール首相は「ルック・イースト」（日本を見習え）政策を推進していた。ところがバブルがはじけて日本経済が不況になったとたん、こんどは一転して「日本型経営はすでに時代遅れだ」と声高に叫ばれるようになった。金融機関が多大な不良債権をかかえるにいたったことは紛れもない事実だが、だからといって日本型経営じたいがもはや歴史的使命を終えたことを決して意味しないはずである。「規制緩和」や「改革」を主張するのなら、では従来の方式のどこにどのような隘路があったのかを、多少は冷静になって再検討する手続きが必要だろう。しかしそうした手続きは、「競争の原理こそが最良の妙薬」という大合唱のもとで、ほとんどなされることがなかった。今ではもう常識のように知られているが、この津波の震源地はアメリカであり、津波を運んできたのは日本のマスメディアであり知識人たちである。

学生たちと話していると、「自分を変えたい」という声をよく耳にする。そのことじたい決して悪いわけではないし、個人としての自分を実感したいという貴い意欲のあらわれでもある。しかし同時に、その心情の背後には「今の自分に不満だ」「今の自分が嫌いだ」という、意欲とは矛盾する負の思いがある。若者たちが口にする「自分探し」という言い回しは、そのへんの事情をよくあらわしている。自分は現にここにいるにもかかわらず、あらためて自分を探し求めるのだから、やはり矛盾としかいいようがない。だが、これは若者の話である。「自分探し」の旅は人生の最期まで続くわけではなかろう。人間は、ある年代になると必ず自分に戻ってくるものである。しかし今の日本は自分に戻ることを忘れ果て、いわば脅迫神経症のごとく、自分からの脱出に無益な活路を求めまわっているように思えてならない。

日本の「組織体質」批判の不毛性

「権力者」と「密室」

ご記憶の方もあろうかと思うが、平成十二年夏、シドニー五輪を前にして、水泳の千葉すず選手が出場できなくなるという事態がおきた。千葉選手は日本水泳連盟（水連）の選考を不服としCAS（スポーツ仲裁裁判所）に訴え出たのだが、最終的にはCASが千葉選手側の敗訴を決定した。敗訴決定のあと、彼女が比較的サバサバとした表情で記者会見に臨んでいたのを私も覚えている。そしてこれをきっかけに、水連への批判に乗っかる形で、日本社会の「体質批判」をくりひろげる論調が続出した。水連こそは日本の組織体質の縮図にほかならない、というわけだ。私のみた範囲では水連の肩を持つものは見あたらず、おしなべて千葉選手に共感を寄せるものばかりで、なかには千葉選手の姿勢に「自立」と「自己責任」のモデルを発見するといった論説さえあった。その結果、千葉選手をめぐるこの問題は、日本の「組織体質」と水連とが重ねあわされて両者はすっかり悪者になるという格好の事例となった。

だが結論を先にいってしまえば、これらの議論は著しくバランスを欠いたものだと私は感じている。しかも論者たちは、五輪のような国際大会の選手選考が具体的にどのようなものかを知ろうとした形跡がない（その点では私も全くの門外漢であるが、せめて事情に詳しい専門家からレクチュアを受けるくらいの労はとった）。

そこで地元新聞に掲載された金子勝氏の主張を紹介し、検討することにしよう。この金子氏についても私は直接その人物像を知らないし関心もない。ただ当時の世論を代表する一人としてご登場いただくまでのことである。

金子氏が水連および日本社会を批判する際の根拠は次の二点である。まず第一点目は、「肝心の情報は一切公表しないまま、何事も一部の権力者たちが密室で決める組織体質」。そして第二点目は、「組織防衛のためなら個人は犠牲になるのが当然であるという組織体質」。金子氏はこれらを、もはや日本の組織体質は国際的にも通用しないとの文脈のもとに語っている。

だが、これらの論点についてよく考えてみると、その内容が何故に氏の主張の原動力になっているのか、何をもって批判内容たらんとしているのか、いっこうに理解できないのである。

まず第一点目だが、金子氏は「権力者たちが密室で決める組織体質」はよろしくないと主張する。いうまでもなく、これは「情報公開こそすべて」とする主張と裏腹の関係にある。だが、はたして一般論としてそのような組織の閉鎖性はことごとく排除されるべきものなのだろうか。

たしかに私たちは日常会話で、横暴な人間を「権力者」と罵倒することはある。しかしそれはあくまで原義から派生した俗語的用法であって、権力とはそもそも相手を支配し従わせる力をいうのであり、したがって権力者はそうした力を行使できる立場にある人間を指す。国家の担い手はいわずもがなだが、一般の企業にもそのような立場の人間は当たり前のように存在する。組織の骨格が権力の体系になっていることは、当然の理屈であろう。だいたい大学の教員である金子氏じしん、学生にたいして単位を出したり処分を決定したりするのだから、立派な権力者であることを忘れてもらっては困る。ついでに言っておくと、むろん氏のことではないが、自分が権力者であるという自覚が薄い教師に限って、やたらと横暴になったり、あるいは逆に学生に甘えて問題を起こしてしまうものなのだ。

もう一つ、「密室で決める」ことのどこがいけないのか、これもさっぱりわからない。密室とは、いいかえれば「非公開」ということである。個人の運命にかかわる重大な懸案を非公開の場で決めることの、どこがいけないというのか。たとえば企業の人事を決定する場合にそれを原則として非公開とするのは、できるだけ公正を期するため、また本人の人格を傷つけないための当然の措置なのである。だいたい金子氏の勧める大学では、入試の選考を公開の席で、さらに受験生を交えて行なっているのだろうか。教授会を学生たちが自由に傍聴できるのか。まさかそうではなかろう。

となると、金子氏の言っている「権力者たちが密室で決める組織体質」という批判めいた言辞は、まるで批判の体をなしていないことになる。私たちの当たり前の現実を述べているに過ぎないからである。なおかつ日本社会は不当だと言い張るのなら、せめて金子氏は、「密室」が全く存在しない国を例証としてあげておくのが筋というものだろう。それをせず、しかも自分の足許を顧みないで非難の言葉を発するのは、昔懐かしい「扇動家」のやり口と言われても仕方がない(2)。

組織と個人の関係

同様のことは先の第二点目についても言える。金子氏は組織のために個人が犠牲になるのは不当だとしている。しかしなぜ不当なのか、これもまるで理解できない。これには、二つのことを言っておかなければならない。

まず、組織と個人とを無条件に対立させ、また組織と個性は互いに相容れないのだと決めてかかる言説が大流行りだが、実に安直な思考だというべきだろう。あまりに当然のことなので言うも恥ずかしいが、人間は一人では何もできないから、あるいはできてもたかが知れているからこそ組織を生み出したのである。だからこそ組織は、多様な個性を吸収してこそ初めて組織たりうるはずである。似たり寄ったりの個性ばかりだったら、遊びやスポーツすらできない。たしかに組織は構成員の単純総和以上の何ものかを生み出すが、そのことは組織と個人が相容れないということでは決してない。だいたいこういった類いの議論には、平気で論点をずらせるという誤魔化しがよくみられる。というのは、「日本の組織体質には問題がある」と切り出しておきながら、ではどんな組織だったらいいのかという方向で論理を一貫させていないからだ。結論はいつも、「もはや組織ではなくて個人だ」ということになる。これでは答えになっていない。個人の自律をいうのなら、「組織にたいする個人」などといった観念論に堕すのではなくて、あくまで「組織における個人の自律」がどうあるべきかを問い続けるべきだろう。

もう一つ述べたいのは、組織が個人を犠牲にするのがなぜいけないのか、これも理解不能だという点である。ここで、この組織という言葉を「多数」と言い換えたらもっとわかりやすい。あのようなことを気安くいう人間には、そもそも民主主義の多数決原理は多数派が少数派を犠牲にして成り立っているという初歩的知識がないのかなと、思わず疑問に思ってしまう。まさか金子氏の大学では、個人を犠牲にしないためにと、全ての決定を呑気に全会一致で行なっているわけではなかろう。またゼミナールは立派な組織といっていいが、そしてどこのゼミにも脱落する学生が一人や二人はいるものだが、金子先生はその個人を犠牲にしないために何か格別の措置を講じているのだろうか。「一人でも脱落者が出たら直ちにゼミを解散する」というのであれば私も脱帽するが、しかしそうなったら大学も学生たちも黙ってはいまい。

一般論として、組織と個人の利害の食い違いは生じうることだし、両者が訣別することも大いにありうる。要はそれぞれの個人が泣き言をいわぬよう頑張るだけのことである。このように言うと、「お前の言い分は独裁者と同じだ」と非難されるかも知れない。それこそとんでもない買い被りというものだ。私は独裁者ほど偉くはない。また当然すぎる話だが、「組織は個人を犠牲にせよ」などと言いたいわけでもない。ただ、現実のルールはこうなっているのですよ、あなただってそのルールに従って生きているではありませんか、と指摘しているだけである。日本社会の負の側面を批判することは一向にかまわないし、時には必要でさえある。だが私が気にするのは、その場合でも自分だけを棚に上げてしまうような、いわば「足もとを見ない」類いの議論が多すぎるということなのだ。そういえば民俗学者の宮本常一が記しているが、村の寄り合いでしゃべりまくる男にたいし、一人の老人が「足もとを見て物をいいなされ」と諭す場面が出てくるではないか。[3]

なお、ここで大事なことを付言しておかなければならない。金子氏は千葉問題について述べたのち、「もはや、日本の社会体質が国際的にも通用しなくなっている」と大見えを切っているのであるが、こう言いきる際に氏は大事な事実を恐らく故意に無視している。それは、ほかならぬCASが最終的に水連の言い分を認め千葉選手側の「敗訴」を決定した、という歴然とした事実である。にもかかわらず金子氏が「国際的に通用しない」と断ずるには、いったい他にどんな根拠があるというのか。CASは、日本水連の選考結果を国際的に認定したのである。もっと正確にいうと、CASは、選考方法はその国の文化や慣習によって左右されうることを認めたわけである。[4]

ということは要するに、千葉選手は堂々とわが道を行けばいい。と同時に水連もまた、自らの選考の在り方について卑屈になる必要はさらさらない、ということだ。むろん将来に向けて水連が何らかの改革に取り組むことはあろうが、それについては門外漢の私たちがいちいち口出しすることではない。

以上のように考えてくると、金子氏が鳴り物入りで提出した日本社会への批判の根拠はことごとく無内容だったことになる。氏の論理を少しばかり丹念に洗濯してみたら、そこに残ったのは不信や怒りといったたんなる感情の垢にすぎなかったわけだ。そんな個人的感情につきあうよう読者に要求するのは、やはり一種の横暴だろう。くりかえしになるが、昨今のマスメデアにはこの手の大げさなレトリックが実に多い。つまるところ、思考が介在することなく、耳から入った世論の決まり文句がそのまま口から吐き出されているだけのことなのである。しかしこういう「普遍性」の衣をまとった透明な言葉は、触感もまた透明だからいとも簡単に流布し、そのことが人びとをさらに縛り上げることになる。「知識人」をとおして世論は確実に拡大再生産されるわけだ。

能力評価と文化

これ以上金子氏にお付き合いする必要はなかろう。だが以上だけではたんなる揚げ足取りだと誤解されかねないので、こんどは千葉問題に関する私の積極的見解を述べることにしたい。すでにお断わりしたが、私もスポーツ界については全くの門外漢なので、その世界について事情に詳しい知人から話を聞いた。以下はそれを参考にして私なりにまとめたものである。

今回の千葉問題は何を浮かび上がらせたのか。もっと具体的にいうと、ここにはどのような文化の問題が関係しているのだろうか。

まず結論から先にいうと、本質的には、日本で伝統的に行われてきた選考それじたいの複雑さにこそ、問題の核心がある。いいかえれば、特に日本選手の場合に国際舞台における精神力の強さをいかに高めていくかが問われており、このメンタルな側面をどう評価のなかに折り込んでいくのかという困難な課題がそこにはあるからだ。

一般に、体力や技術力だけだったら評価の仕方は実に単純ですむ。現に実績主義をつらぬくアメリカの場合には、仮に有力選手であっても何か不運な理由で現実に実績をあげられなければ選考から落ちてしまう。可能性とか潜在的能力とかという要素はそこに入る余地はなく、要はすべて結果に、現実の結果のみにあるわけだ。まさに「成果主義」といっていいが、これはこれでゲーム型方式としてわかりやすく合理的ではある。

これにたいし日本では、どちらかといえば結果よりも選手育成の「プロセス」が重視されてきた。つまり人格や精神力を身につけるといった側面がそれである。こうした傾向が古来の武道からきていることは言うを待たない。そして場合によっては、精神面の強調が過大になりがちだったことも否定はできない。だがいずれにせよ日本では、スポーツにおいて技術力と精神性とをいかに両立させるかが伝統的に問われてきたことは事実であろう。だから例えば、とりわけ武道の世界にあっては、「立派な選手」と「強い選手」とは必ずしも一致しない。ただし断わっておくが、だからといってこれまで強い選手の育成が蔑ろにされてきたわけでは決してない。だいたい昨今の日本では、小学校の運動会で順位をつけるのは好ましくないとして競争をことごとく排除している一方で、大きな国際大会になるとメダルの数に一喜一憂するわけだから、五輪大会の選手選考となればいかに大変かは推して知るべしであろう。

ここまで来れば、水連と千葉選手の係争問題の本質がどこにあるかはもう明白なはずである。それは、日本の旧い体質をどう克服するかなどといった単純な問題ではない。日本のスポーツ界においても「グローバル化」の波が押し寄せ、伝統的な選考方式の基準が揺さぶられている、ということなのである。その際に厄介なことは、日本方式における精神面の重視という側面が簡単には数値化したりルール化しにくい点である。いっそのことアメリカ方式のように実績主義、成果主義で割り切ってしまえば簡単そうにみえるが、そうなると「強い選手」のみが求められるようになることは明らかだ。人格を育成していく国民的スポーツはひょっとすると衰退の道を辿ることになるかもしれないし、また国民的に尊敬を集めうるスポーツ選手も姿を消していくことにもなりかねない。あるいは、スポーツ界が「立派な選手」と「強い選手」とに両極分解するのかもしれない。どんな解決策があるのかはともかく、選考基準を全てガラス張りにするとはこういうことである。いずれにせよ日本の知識人とマスメディアはこの方向の推進者である。

最後に、今回の問題全般について私なりの感想だが、水連の弁解がましい説明がかえって議論の混乱を深めたように思えてならない。日本水泳連盟の古橋会長は、あわててあれこれの選考基準を持ちだしてくる必要などまるでなかった。「様々な角度から検討したが千葉選手は五輪出場者としては失格であった」とだけ明言しておけばよかったのである。

全共闘型思考

国家の問題

先ほど紹介した佐高信氏の文章に戻ってみよう。そこには、今後の時代が「成熟化の世界」であり日本は「国際国家、世界国家たらんとする」ことが問われている、と指摘されていた。要するにこれからの世界は「成熟化」をとげ、国境は溶けてなくなるということだろう。こうした牧歌的認識は佐高氏だけのものではない。今日ひろく叫ばれるようになった「グローバル化」「グローバリゼーション」なる用語も同様の意味合いで受け取られている。かつて「国際化」は「インターナショナリゼーション」と表現されてきたものだが、これは国と国との間(インター)の関係を意味しているのであって、国境の存在や文化の多様性は当然のこととして前提されていた。[5]だが「グローバル化」は違う。国境も各国文化もブルドーザーで平坦にされ、あたかも世界は草原や砂地のごとく単一の色で覆い尽くされるようなイメージのもとで語られる。

だが今では、こうしたイメージが現実とは全くかけ離れたものであることは否定しえないだろう。EUの実験はあるにせよ、全体として世界が「成熟化」しつつあるなどとはとうてい信じられない。事実は全く逆であろう。日米構造協議に始まった「構造改革」論議にせよ昨今の「IT革命」にせよ、好敵手ソ連を永久に失ったアメリカが、こんどは日本など強い輸出国を新たなライバルに仕立て上げ、それらに仕掛けた経済戦争であることはもはや周知の事実である。日本における労働時間短縮にしても、国内から生まれた内発的要求の結果では決してなく、一九八五年プラザ合意以降の一連の「外圧」による結果だと私は確信している。いいかえれば一九八〇年代以降の歴史とは、経済的に凋落したアメリカが自らの国益を前面に押し立てて戦略的な立て直しを必死にはかろうとした点に特徴があった。「成熟化」などとはとんでもない、米ソ体制の崩壊が世界いたる所で民族エゴや国家エゴを掘り起こしてしまったことは、日々の情報に接していれば誰にでもわかることだろう。

今日の世界と国家をめぐる佐高氏の認識は、ここまで大きくずれてしまっている。そしてその根底には、国家に関する認識の鈍感さがある。が、佐高氏だけを非難するのは片手落ちだということを正直に述べておかなければならない。実は私じしん、自分の「身から出た錆」のため苦い思いをする経験があったからである。

かつて私は日本のある自動車企業の労使関係調査にたずさわったことがあった。内容の一部は以下の章でも顔を出すことになろうが、いちばん印象的だったのは、その企業では組合民主主義がほとんど存在しなかったことである。職場討議から役員選挙にいたるまで、一般組合員には自由に意見を表明することがほぼ不可能だったからである。だが、今になって私が反省するのは、何故にそうした現実が生ずるのかをその根拠にいたるまで分析することを曖昧にし、むしろそれをもっぱら道徳的に批判することだけに関心を持ったことである。

いくつかの文章を発表するうち、私は海外マスメディアから頻繁にインタビューを受けるようになった。情けないことに有頂天になって応じたのだが、はたと気がついて脂汗が出た。私の話はすべて「貿易摩擦の原因は日本のアンフェアな労使関係にある」という脈絡のなかに嵌め込まれていたからである。諸外国のジャーナリストたちは、いささかの迷いもなく自国の利益を、それのみを基準に取材先を探し回っていた。私は彼らの「友人」として、あたかも日本の企業と労働組合の横暴に立ち向かう〝正義派〟の研究者のように描かれていた。もちろん、たかが一介の研究者の発言によって日本の大企業や政府の土台が揺らぐとは思わないが、それにしても組合民主主義に関する私の問題意識はあまりにナイーヴだった。自国のある社会現象をとりあげて論ずる場合、それが国際関係とどうかかわり合っているのかという問題意識は、当時の私にはまるでなかった。早い話、熾烈な国際競争戦という現実を度外視して「民主主義の不在」という側面だけを批判する態度は、いとも簡単に諸外国の国益の脈絡に絡め取られてしまったわけである。

大事なことだが、以上のみっともない話は私個人だけにとどまっていたわけではない。今日もなお私の同類がもっと露骨な形で、あれこれの日本改革論の音量を高める役割をはたしているのである。ちなみ「リヴィジョニスト（日本見直し論者）」と呼ばれる人たちの著作、たとえばカレル・ヴァン・ウォルフレンの『人間を幸福にしない日本というシステム』（毎日新聞社）やチャルマーズ・ジョンソン『アメリカ帝国への報復』（集英社）あたりをご覧になって欲しい。彼らの日本認識が日本の左翼のそれとほぼ同一であることにお気づきだろう。「敵の敵は味方」といわれるとおり、日本左翼の言辞はアメリカ国益論とみごとにつながってしまうのである。

日常世界への下向

なぜこうなってしまったのか。

結論からいえばこの問題は、一九六〇年代から七〇年代にかけて登場し定着したある思考パターン、いわば全共闘型思考パターンと深く関わりあっているように思える。

佐高氏や金子氏を含め、今日マスメディアに登場する言論人の多くは、いわゆる「六〇年安保世代」のあとの世代に属している。「団塊の世代」およびその周辺といいかえてもいい。ただし彼らが実際に全共闘運動にコミットしたかどうかはさしあたり問題ではない。同じ時代の空気を吸い、共通の思考を身につけるようになったことの方が重要である。その思考の特徴は次の点にあるといっていい。

一言でいってそれは、資本主義における権力関係を自分たちの「日常」のなかに発見し、したがって自分たちの日常世界を覆すことこそが革命につながる、と発想したことである。もっぱら国家および国家をめぐる革命にこだわりつづけた六〇年安保世代には、こうした思考はほとんどみられない。そもそも国家をうさん臭いものとみる態度、革命を是とする態度は、基本的に全共闘にも引き継がれていったとみていいが、しかしその中身は大きく異なっている。全共闘型思考にとって、まず問われるべきは教育や医療の場といった日常世界の在り方だったから、現実には国家の問題は射程のなかからはずされた。少なくとも社会から国家へと上向していく思考は皆無に近く、逆にひたすら日常世界の細部と底辺に向かって下向する傾向が基本であった。

こうした思考を緻密化した一人が、フランスの思想家M・フーコーであろう。彼は『狂気の歴史』『監獄の誕生』という一連の作品をつうじて、隔離収容施設における監視の原理が、たんに軍など国家の中枢機構のみならず、近代社会のあらゆる施設の建設計画のなかにも採用されていった、と説いた。つまり労働者共同住宅、病院、保護施設、学校などの設計・建設においてそうであり、何よりも大規模な作業場や工場において端的であった。これらの近代的な諸施設は、それじたいとして権力体系の一細胞となる。いいかえれば権力の原理は、社会に向かって社会の外側から睨みをきかせるものではなくなった、と。

この結論が一面的にすぎることは明らかである。国家という独自領域を社会一般に解消する結果になったからである。そしてフーコーの議論が日本での全共闘型思考に裏づけを与えたことも否定できない。事実、哲学者・山本哲士氏は、「わたしには彼の著作すべてを教育論として読むことができる」と言いきっている。(6)

遠くにある権力が問題なのではない、身近な日常に埋め込まれている権力関係を見つけだして打ち壊すことが大事なのだ、というわけである。そしてこのような思考の結果、全共闘世代の人間は次のような生活態度を身につけることになった。

第一に、徹底した個人主義（individualism というよりはミーイズム）である。日常世界とは文字どおり個人のそれを意味したからである。あの時代に「自己否定」なる言葉が全共闘運動の象徴として喧伝されたが、あれは東京大学でほんの一部の人間が言ったことで、全体としてみればまさに「自己肯定」の時代なのであった。だからこそ、「大衆化」と呼ぶにふさわしいほど運動が高揚したのである。学生の多くが「反セクト」を掲げたことに示されるように、全共闘は個人として開き直った人間たちの集合体であり、したがって組織をつくり育てていくといった発想を頭から嫌った。組織と個人の葛藤というテーマは彼らにはほとんどない。組織の事情がどうあろうと、自分が加わりたければ加わる、やめたければやめる、それだけである。思想的にいえばこれはアナーキズムの系譜に位置するものといってよかろうが、そう言ってしまうと大杉栄に失礼になる。なぜなら、本人は「反権力」を標榜しているつもりでも実体はミーイズムであり、しかも正義と錯覚されたミーイズムは際限のない反秩序にならざるをえないからである。(7)

第二に、理論を軽視または軽蔑したことである。全共闘にとって大事なのは、日常を問いただせるような「感性」や「皮膚感覚」であり、またそれだけだったからである。「大学を問い直す」という台詞によって、学問そのものがおしなべて打倒対象になった。歴史上の古典や学説から学び、それを継承し発展させるという学究的態度は、大学から姿を消した。たしかに理論らしきものはあったし、分野によっては増えもした。だが、過去から未来に向かって理論を積み上げていくような地道な態度が消え去ったのである。それは言葉の本当の意味で怠惰にほかならないが、個人の皮膚感覚を唯一の頼りにしてしまった人間にそれは怠惰とは自覚されない。たしかに皮膚感覚は、問題の所在にたいする直感という意味ではきわめて重要だろう。だがそれが皮膚感覚にとどまる限りでは軽薄と同じであった。

さて、全共闘運動は潰えたが、常套化した論法はそう簡単には消滅しない。今でも健在のままである。国家のなすことはいつでも全てうさん臭い、というわけだ。とりわけ人権がからんでくると、もはや難くせとしかいいようのない反対論が語られることになる。一つだけ例をあげると、かつての少年法改正をめぐる議論もその類いであった。

少年法改正に批判的な主張を聞いていて私がどうしても引っかかったのは、「それだけでは解決にならない」という判を押したような言い回しである。この場合の「解決」とは何をさしているのか。かく言う人たちは、少年犯罪を撲滅できるような妙案をとっくに知っているとでも言いたいのだろうか。だとしたらずいぶん傲慢な人たちだと私は思う。

ちょっと考えればわかるが、一般に、犯罪の因果関係など完璧に説明できるはずがない。だいたい犯罪や自殺に走る当人じしんすら本当の理由はわからないのが実情だろう。動機やら背景といった全ての説明は、せいぜい人びとが安心を得るための精神安定装置にすぎない。完璧な説明が無理ならその予防や撲滅も無理なことは論理的必然だろう。あるいは逆に、犯罪が撲滅されてしまった無菌社会がどんなものか、その無気味さを考えてみた方がいいかも知れない。

少年法改正は「少年といえどもオトシマエはきちんとつけよ」という一語に尽きる。それだけのことだ。それを、ありもしない「解決」と結びつけるのは、やはり論理のすり替えである。いや、この言い方はまだ甘い。おそらく人権派の人びとも、国家のやることはうさん臭いと言っているだけで、解決など本気で考えていないのだろうから、それなら黙っているのが道義に適っていませんか――この言い方の方が正鵠を得ているかも知れない。

以上に述べたことのいくつかは、すべて私じしんにも通じることである。このように今にいたるまで過去の出来事にこだわり続けるのは、決してそれを悔やんでいるからでもないし、また悔やむべきことでもない。それに自分の過去の軌跡を悔やみ続けるのはいかにも空しい。愉快だったことも煮え湯を呑まされたことも、紛れもなく自分の生の凝縮だったのであり、その体験なくしては今の自分もあり得なかったことを考えれば、貴重な体験だったと文句なしにいわねばならない。私がこだわるのは、全共闘型思考がもはや過去のものとして埋葬されることなく、残骸ではあれ今日もなお無視しえぬ影響をおよぼし続けているからなのである。まだ世間知らずだった若い頃の思考や態度が今もなお持続しているのだったら、やはりそれはおかしい。少なくともそれは、歴史のなかに自分たちの軌跡を確定しておく姿勢ではない。自分たちの世代について、先進的だった側面とともに、退嬰的側面も次の世代に言い残しておく努力がそろそろ必要なのではなかろうか。

〔注〕

1　昨今の若者については「フリーター志向が強まっている」と指摘されている。それは紛れもない事実であるが、しかし事態の一面に過ぎない。同時に「正社員として働きたい」と考える若者も増える傾向にあるからである。詳しくは玄田有史『仕事のなかの曖昧な不安』（中央公論新社、二〇〇一年十二月）七五ページを参照されたい。

2　平成十四年五月、サッカーのワールドカップを目前に控えて、トルシエ監督が日本代表選手の最終選考を発表した。何人かの有力選手がはずされたこともあって、翌日の新聞には「衝撃の代表選考」「トルシエ流貫く」といった見出しが踊っていた。詳しい内容は省くが、要するに監督は周囲に相談することもなく一切を自分だけで決めたわけである。「権力者たちが密室で決めた」どころの話ではない。文字どおり「独裁」をやったのである。だが奇妙なことに、私が目にしたメディアは決してこれを非難していないし、かの金子氏がどこかで批判的発言をしたことは、私の不勉強のせいか、寡聞にして知らない。だとすれば金子氏は、たった二年前の自分の発言をすっかりお忘れなのだろうか。

3　宮本常一『忘れられた日本人』（岩波文庫、一九八四年五月）三八ページ。

4　日本人が「法」や「法的規範」に疎くなりがちだという点は、これまでもしばしば指摘されてきたが、実は千葉選手の問題についてCASの判決を無視した議論は金子氏だけではなかった。作家・宮部みゆき氏の指摘によると犯罪の世界でも同じことが言えるそうである。捜査当局にとって証拠やアリバイは決定的意味を持つが、庶民にとってはそれほどの意味を持たないという。たとえば冤罪事件が晴れて無実が証明されても、「あいつは黒だ」「証拠なんてどうにでもなる」との思い込みは根強く庶民のなかに残ってしまうのだ。その人物にたいする印象がまず刷り込まれると、たとえそれを打ち消すような証拠が出たとしても証拠の方が疑われてしまうわけである。となると、西部邁氏の言い方を借りれば、金子氏はマス（大衆）から区別された知識人なのではなく、マスの代表であるということになる。

5　長谷川三千子氏の指摘によると、十九世紀後半の文書に「スエズ運河はインターナショナライズされねばならない」とか「コンゴをインターナショナライズするにあたって英国と一致協力する——」といった使われ方があって、この場合の「国際化」は明らかに列強による統治を意味している。つまりここでの「国際化」の担い手はあくまで西欧列強であり、エジプトやコンゴは国際関係からはじき出された「客体」にすぎない。そして今日も存在する国際社会とはこうした組織の残骸にすぎない、と長谷川氏は述べる。詳しくは『からごころ』（中公叢書）一七一ページ以降を参照されたい。

6　山本哲士「《良き調教》としての教育権力」（『現代思想』青土社、一九八四年十月号）。

7　熊本在住の著述家・渡辺京二氏は最近の地元紙上で、ある中学校でのだらけきった掃除風景を紹介しつつ、こう問いかけている。「誰がそんなことを彼らに教えこんだのかとお尋ねですか。それはあなたであり私である。あなたや私が信奉し盲従して来た戦後イデオロギーが、校庭清掃といえばただ帚を持って突っ立っているだけの少年少女を生み落としたのである」と。そして、こうした「グータラ讃美」を生み出したのは「左翼くずれ、全共闘くずれの言説」にあったと氏は強調する。詳しくは「熊本日日新聞」（平成十三年十一月二十八日および十二月二十六日）を参照。

第一章補論　詐欺師的ロジック

論理の衰弱

ここ数年、学生のレポートや大学院生の修士論文を読んでいて気がつくことがある。かなり勉強したなと思える論文でも、事実やデータは様々に集められていながら、そこに論理の一貫性が読み取れないどころか、論理そのものすら伺えないものが多いのである。時間をかけて読み終えたあげく、「要するに何が言いたいのか」と首をかしげたくなるのだ。むろん私は学生や院生たちを非難しているわけでは決してない。その一義的な責任は、論理やレトリックを教えてこなかった学校教育の側にある。

たとえば院生たちに甲という主張のテキストを与え、「これについて自分の意見をまとめよ」という課題を出したとする。甲の主張に賛成、反対の回答が返ってくる。そこでまず賛成の回答を読んでみると、多くのものはテキストの引き写しになっている。せいぜいそこに自分の体験やらを付け加えて、テキストにデコレーションを施しているだけである。そういう文章にたいしては私はこうコメントする。「私の出した課題は、喩えていえばここに鯛やハマチや蛸といった材料があるからこれらを料理して寿司をつくってくれ、ということだ。しかし賛成意見の多くは材料を並び替えただけでまだ料理の包丁が入っていない」というように。

次にテキストへの反対の回答である。「自分の考えは甲と違って乙である」といった具合いのものである。テキストや私の考えにたいして反対でも、それはいっこうに構わない。結論が乙であろうと丙であろうと、そのことじたいはとりあえず二の次に回してもさしつかえないと私は考えている。問題は、その場合には「甲の主張は成り立たない、こういう理由で誤りである」という反論の手続きが不可欠になるということだ。ところが、それがない。では反論の手続きがないとどういうことになるのか。「テキストは甲と言っているが私の考えは乙である」とどこかの審議会のような両論併記の回答、あるいは「甲とも言えるが乙とも言える」といった等距離外交みたいな回答になる以外にない。いずれにせよ、これも喩えていえば、汁粉と寿司を一緒くたにしたような料理ができあがるわけである。こんな調子で修士論文が書かれたら、形容しがたい味になることは目に見えている。

最近、学部の三年生ゼミでこんなことがあった。

ゼミのあるグループに「終身雇用の意義」というテーマで報告してもらった。たしかにあるテキストを参照したらしいものの、彼らのレジュメに書かれていたのは、「終身雇用は勤労者の生活の保障という面では良い制度である。しかし同時にリストラも企業経営にとって切り札になる場合がある。したがって時と場合に応じて終身雇用とリストラの使い分けが必要になってくる」などといった内容だった。さすがに私もカチンときた。まず、テキストで著者が主張している中身を全く受けとめていない。ただ読み流しただけで、あとはそれと無関係に自分の考えを述べるのみである。次に問題なのは、先に述べたこととも似ているが、「時と場合によってAでもありBでもある」という言い回しである。これでは意見や主張と呼ぶわけにはいかず、むしろ回答することから逃避したことを意味している。

だから私は厳しくこう言った。「もし君が例えば『結婚の意義』について問われたらどう答えるのか。愛しあった時には結婚は良い制度であり、お互いに嫌いになったら離婚は解決の切り札になる。だから時と場合によって結婚と離婚の使い分けが必要だ——とでも言うつもりなのか。初めから離婚を念頭に置くような結婚など世の中にあるわけがないし、あったとすればそれは結婚詐欺だけだ。だから君たちの論法は答え以前の問題だ」と。どうやらこの言い方は学生に伝わったらしい。潔く発表をやり直すということで落着した。

どうも言葉にたいする執着、頑固なまでの論理の追求の姿勢が弱くなっているのである。あるいは結論へと一足飛びに急ぐあまり、論証のプロセスがおろそかになっている。これではペテン師論法が渦巻く世論に打ち勝てるわけがない。

それならばいっそのこと、ペテン師論法を教材に使って免疫力を高めるという教育方法はいかがだろうか。私は最近そう考えるようになっている。

詐欺師的ロジック

メディアの言説はしばしば時代の気分によって左右されることがある。一言でいってそれは思考の停止ということにほかならないが、しかしそうした言説の効力はバカにならない。長いあいだ無自覚にさらされていると、その気分がこちらに乗り移ってしまうばかりか、物事を理詰めで考える姿勢が確実に衰えていくからである。だとすれば、私たちがメディア情報に接する場合は、内容をいかに読み解くかという心構えがなければならなくなる。まあ当たり前の話ではあるが、いざとなるとこれが実に厄介なのである。

そこで、クイズみたいで恐縮であるが、読者の皆さんは次の新聞記事をどうお読みになるだろうか。これは今から十年以上も前の一九九一年十一月六日、「朝日新聞」朝刊に載った記事である。国際面の右下に一段見出しで書かれた小さな記事だが、そこそこの面白さがあるし、のちにある月刊雑誌の座談会でこの記事が話題にされることもあった。まず全文を紹介しよう。

横見出し：歴代大統領

縦見出し：一番人気はカーター氏／米紙が調査

【ロサンゼルス四日＝共同】四人の前、元米大統領のうち一番人気があるのはカーター氏で、在職中に高人気を維持し続けたレーガン前大統領は〝並〟に転落――。米紙ロサンゼルス・タイムズが四日発表した世論調査でこんな結果が出た。／九月下旬、全米で千六百人を対象に行なったこの調査では、健在の四人の前、元大統領のうちだれを支持するか、という質問に対し、三五％がカーター氏、二二％がレーガン氏、二〇％がニクソン氏、一〇％がフォード氏と答えた。／この結果について「カーター氏は人道的な政策が評価できる」「レーガン氏は貧しい人のためには何もせず、多くのホームレス（浮浪者）を生む原因となった」といった回答者の見方を紹介している。

そういえば、この記事が原因かどうかわからないが、カーター元大統領は現在にいたるもアメリカ政府の特使のような役割を担って脚光を浴びているばかりか、ノーベル平和賞を受賞した。しかしご用心いただきたい。この世論調査も報道も文句なしの「やらせ」である。

カラクリの答えを言おう。上記四人の米大統領経験者のうちカーター氏だけが民主党であり、残る三人はすべて共和党である。だから民主党支持者はカーター氏に集中するものの、共和党支持者の票が三人に分散することは初めからわかっていたことで、それをあたかもアンケート調査によって初めて明らかになったかのごとく粉飾したにすぎない。要するにペテン調査・ペテン記事なのである。ご丁寧なことに、記事にはカーター氏が一番人気になった「根拠」までしつらえられてある。もちろんこの記事を配信した共同通信社、これを掲載した朝日新聞ともどもこのカラクリに気づいていない。そして私たちも、よほどの魂胆をもって読まなければ「なるほど、やっぱりね」ぐらいで終わってしまう。

ここで正直に白状してしまうと、このことに気づいたのは私ではない。谷岡一郎氏が『「社会調査」のウソ』（文春新書）の冒頭部分で指摘していたことなのである。谷岡氏の注意力の鋭さには脱帽するほかはない。

ついでにもう一つ、谷岡氏の同書から興味深い例を紹介しておこう。

一九九八年五月、いわゆるサッカーくじ法案が国会で審議され、委員会に「新日本婦人の会」副会長の高田公子氏が参考人として呼ばれた。むろん共産党推薦の人物である。高田氏はそこで次のように意見を述べているという。

　この二月二十日、地婦連、主婦連、日青協、私たち新婦人も入っている国民文化会議など、かつてない広範な十三団体が『「サッカーくじ」法案に反対する共同アピール』を発表――資料を参照ください。その後、一緒に議員の方々への要請行動やアンケート、宣伝にも取り組んできました。四月二十一日は、渋谷で道行く三百十四名の方々と対話をし、一言書いていただきました。―中略―［法案に反対する］声がたくさん寄せられました。サッカーくじ反対が七七%、賛成二〇%、どちらとも言えないが三%で、国民世論としてもサッカーくじは認められていないのです。

「国民の七七%までがサッカーくじに反対していた」――こう言われてしまうと、日本政府はかくも横暴だったのかと落涙し、思わず高田氏に拍手を送りたくなる。しかも自分の実体験をまじえて話すところなど、説得力の点でも文句ない。

むろんこれも詐欺師的論法である。しかしこちらのカラクリについては、読者各位の多くにはわかりやすいかも知れない。ちょっと若い頃を思い出して、「そういえば自分もあんな論法を使ったことがあるなあ」と気づいていただければすむことである。

高田氏は渋谷の街頭で「三百十四名の方々と対話」したというが、これが通行人全員でないことはいうまでもない。おそらく高田氏らは「法案反対」と書かれた幟やら看板を街頭に持ち出し、宣伝カーも使ったものと思われるが、たまたまそれを目にして立ち止まったのが「三百十四名」だったにすぎない。われ関せずと通り過ぎた通行人はその何十倍、何百倍もいたはずである。要するに高田氏は、パーセンテージを出すにあたって分母をすりかえ、大幅に水増しされたパーセンテージを「国民世論」だといいくるめたわけである。あの「かつてない広範な」という言い回しといいこの詐欺師的ロジックといい、実に懐かしい限りだが、国会議員たちを前にしてあれだけ言いきれる高田氏の度胸もさすがである。

日本の職場は個人を尊重しない?

私はこれまで日本型経営について、特にその根幹ともいうべき終身雇用は日本の文化的土壌に深く根づいたものであることを、機会あるごとに強調してきた。簡単にいえば、それは決して企業の側が自らの利害だけのために一方的につくりあげたシステムなのではなく、むろん歴史的な紆余曲折を経ながらも、勤労者の側にとっても受け入れが可能なものとして定着してきたのである。そしてのちにも触れるが、日本の将来像のなかから終身雇用がそう簡単に消え去るとは私には思えない。

だが、やはり世の中には、日本型雇用慣行が姿を消すことをひたすら願い、そのための根拠を探しまわるような人物はいるのである。滋賀大学・太田肇氏もその一人だ。私は太田氏とはまったく面識がないし、したがって個人的に恨みがあるわけでもない。ただ、氏の主張が昨今の日本の代表的な改革世論のひとつだと考えられるので、あえて取り上げさせていただくだけである。

太田氏の著書『個人尊重の組織論』(中公新書)の「まえがき」によると、今日の様々な企業改革には「残念なことに、日本の伝統的な組織とマネジメントに代わるようなモデルと確たるビジョンがそなわっているとはいいがたい」。そこで「とにかく個人の視点から出発すること」こそが必要だ――これが太田氏の一貫した問題意識と見受けられる。

組織と個人を対立的にとらえ、しかも日本にあってはその傾向が特に著しいとする論法は、そう珍しいものではない。が、太田氏はいかにも学者らしく、次のように述べてそのことをデータにより実証しようとするのである。

「日本の組織とマネジメントには、このところ徐々にほころびが目立つようになってきた。たとえば、国際比較を目的とした各種調査の結果にもそれが鮮明に表れている。日本人の職場生活における満足度は、国際的にみて最も低いグループに属する。また、職場への定着意欲も同様に低い水準にある」と。

私とて最近の一連の企業不祥事についてはよく知っているが、しかしそれらの多くは不況とリストラ信仰による経営者のモラル失墜とみるのが自然だろう。これにたいし太田氏は、日本人の職場生活における満足度が本来的に低いことからくる「ほころび」だと主張する。そして氏はそのことを立証すべく、同書三三ページ以降に図1および図2を持ち出してくる。

まず図1をみると、職場生活への満足度は十一カ国のうちで日本が最低であるらしいことが、視覚的にもはっきりとわかる。日本人で「満足している」と断言している回答は一六・二%にすぎず、「やや満足」を加えた割合も他国に比べれば目立って少ない。図2の定着意識になると、そうした傾向はもっとはっきりする。今の仕事を「続けたい」と明確に答えた日本人はわずか二七・五%で、トップのドイツの約半分でしかない。逆に「続けることになろう」という優柔不断な回答が二八%にもおよんでいるのが目立つ。

かくして太田氏は、日本の若者は「慢性的な欲求不満状態におかれているといっても過言ではな」く、「それだけに若者の不満をおさめることは難しい」と結論づける。これでもって「個人尊重」型改革論のためのお膳立てが整ったわけだから、氏にとっては喜ばしい限りの話となったわけである。

だが、ちょっとでも常識的な感覚さえあれば、先の図を見て「何か変だ」と思うはずだ。どうみても日本より経済や雇用状態のよくない国々が上位にきているのはなぜか？　そもそも各国ごとの生活環境の差異を度外視して単純に満足度を比較できるものなのか？　となると図が示すものは本当は何なのか？

図1　職場生活への満足度

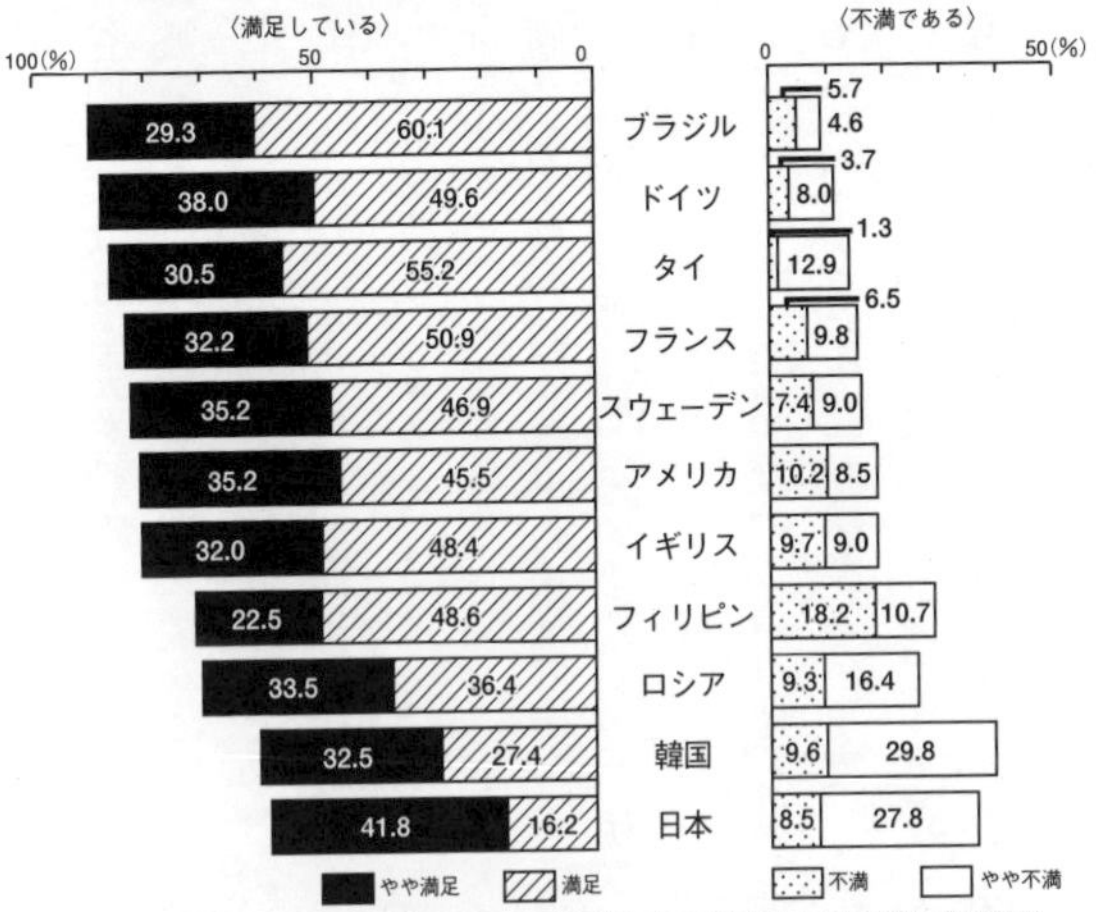

注：調査は、18歳から24歳までの青年を対象にして、1993年に実施（各国とも原則として1,000サンプルを回収）
（出所）総務庁青少年対策本部「第５回世界青年意識調査」1993年

図2　職場への定着意識

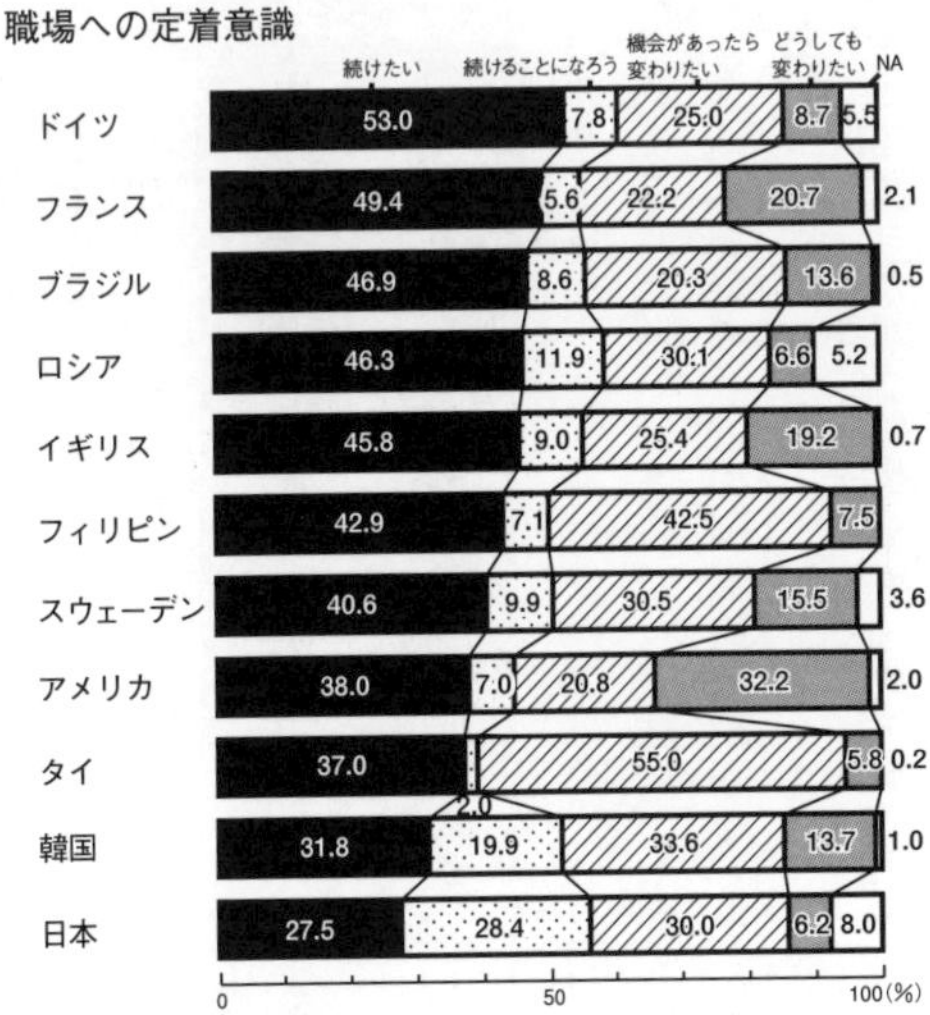

太田肇『個人尊重の組織論』（中公新書）33～35ページより

実はこのカラクリを解くカギは、すでに紹介した谷岡氏の前掲書のなかにあった。

谷岡氏らは日本人を対象にしてこんな実験をやってみた。簡単に言えばこうだ。たとえば百人の被験者がいたとして、ランダムに五十人ずつの二つのグループに分ける。そして両方のグループに満足度を問う同一の質問をするのだが、ただしその場合に回答方法だけが異なっている。つまり一方のグループには、満足度に応じて五段階の選択肢が与えられ、両端の回答に「非常に満足」と「満足していない」とが示されているだけである。そしてもう片方のグループには「まあ満足」というような曖昧な回答を入れておくのである。

両グループの回答結果の相違は明瞭であった。片方のグループでは回答が分散したのだが、「まあ満足」の選択肢を設けたもう片方のグループではその回答が圧倒的に多かったのである。つまりこの実験をつうじて明らかになったのは、「日本人ははっきりと自分の意見を言いたがらない」ということだった。この点はしばしば指摘されてきたことではあるが、実験によっても確かめられたことは実に興味深い。事実、このことを念頭において意識の国際比較調査などをみると、そうした傾向は共通して発見することができる。

もうおわかりだろう。満足度などという各国文化に根ざした意識を単純に並べて国際比較することが、どだい無理だったのである。そもそも意識が必ずしも行動に直結するとはかぎらないことは自明だが、日本人の場合にはこれが特に顕著なわけだ。だから先の図1に戻ると、日本人の「やや満足」「やや不満」は互いに大きく重なりあっているはずである。日本より上位にある国には、職にありつけるだけで満足と感じているケースさえあるのだし、あるいは、「現にこうして在職しているのだから不満なわけはない」と論理で答える国民性だってある。だからこの図を見て日本人は不幸だなどと即断できるはずがない。図2の定着意欲にしても、「(今の仕事を)続けることになろう」との日本人の回答は「定着」を選択したという意味にほかならず、これに「続けたい」の回答を加えれば欧米諸国と比べてほとんど差異はなくなる。むしろ注目すべきなのは、アメリカでは「どうしても変わりたい」というせっぱつまった答えが三二%にも上っており、他国に比べ離職志向が極端に高いという点の方である。

というわけで、鳴り物入りの太田氏の立証は腰砕けに終わった。もちろん私は、「日本人は職場生活に満足しきっている」とまで言いたいわけではない。いろいろと文句を言いたい気分を抱え込んで働いているというのが実情だろうが、それはそれであって、ここで扱っているテーマとは別問題である。とにかく、筋違いのデータを持ち出して〝日本人不幸説〟をふりまくのはデマゴーグの手法であり、そしてその化けの皮が剝がされてしまった以上、せっかくの同書の価値もほとんど無意味になってしまったわけだ。

持続する終身雇用慣行

先ほど私は、日本の将来像からそう簡単に終身雇用が消え去ることはなかろうと述べた。まず最近の新聞報道から紹介しよう(1)。

平成十三年三月に九州財務局は南九州四県で、資本金一千万円以上の百十八社にたいし聴き取り調査を実施した。その結果、「現在終身雇用を採用している」と答えた企業は百八社、つまり回答の九二％に達した。また「今後も終身雇用を維持する」としたのも八十三社、七〇％におよんでいる。九州における不況の深度は全国平均をはるかに上回る。にもかかわらず、この数字なのである。むろん、九州だけが例外だとする証拠など何もない。

もうひとつ、実に面白い資料がある。それは「人事・労務管理研究会」（学習院大・今野浩一郎氏ほか）が一九八五年、一九九八年の二度にわたって行なった企業調査の結果である。[2] 調査の全体は人事管理全般、賃金制度、モラール、労使関係など広い分野にわたっているが、ここでは必要上、終身雇用についての調査結果に絞って紹介しよう（表1―1、1―2、1―3）。

まず八五年に終身雇用の現状について管理職、専門職、一般職などに問うているが、そのうち管理職の回答だけを取り出してみると、「原則として定年まで雇用してきた」「定年がなく、働けるかぎりは働いてもらってきた」を合わせた回答は八二・八％であった。その際、終身雇用の将来見通しについても質問しているのだが、管理職の七〇・六％がこの二つの回答を選んでいるからやや悲観的になっていることがわかる。

ところがその十三年後の九八年調査では、先の二つの回答を選んだ管理職は八六・八％におよんだのである。管理職たちの悲観的予想は間違っていた。またバブル崩壊および不況の時期をつうじて、世論は「終身雇用慣行はもはや過去のものとなった」などと主張してきたが、とんでもない。実際はその逆だ。事実、同報告書も「実際の雇用慣行はむしろ終身雇用を強める方向に働いてきた」と明言しているのである。

表1-1　1985年時点での終身雇用の現状

（%）

職　種	働けるかぎり①	定年まで雇用②	出向転籍促進③	独立転職を前提④	その他	計
管理職	9.3	73.5	15.5	—	1.7	100.0
専門職	7.4	79.7	9.6	1.3	2.0	100.0
現業監督職	5.3	85.1	7.2	1.1	1.3	100.0
一般職（事　務）	4.0	89.6	4.5	0.7	1.2	100.0
一般職（技術・研究）	5.8	87.8	4.2	1.1	1.1	100.0
一般職（営　業）	4.0	87.9	5.3	2.1	0.7	100.0
一般職（現　業）	4.7	86.1	4.7	3.3	1.2	100.0

（注）
① 定年がなく、働けるかぎりは働いてもらってきた
② 原則として、定年まで雇用してきた
③ 必ずしも定年まで雇用するということではなく、中高年齢者等について関連会社、子会社などに出向、転籍もすすめてきた
④ 若いうちから従業員の独立や転職が多いことを前提に人事労務管を行ってきた
（以下の表も同じ）

表1-2　1985年時点での終身雇用慣行の将来

（%）

職　種	働けるかぎり①	定年まで雇用②	出向転籍促進③	独立転職を前提④	その他	計
管理職	7.9	62.7	28.2	—	1.2	100.0
専門職	9.2	67.0	20.8	1.1	1.9	100.0
現業監督職	3.6	74.5	19.3	1.3	1.3	100.0
一般職（事　務）	2.6	82.0	12.6	1.8	1.0	100.0
一般職（技術・研究）	4.6	78.8	13.5	2.2	0.9	100.0
一般職（営　業）	2.5	79.9	13.4	3.5	0.7	100.0
一般職（現　業）	3.3	78.3	11.7	5.3	1.4	100.0

表1-3　終身雇用慣行の現状（1998年調査）

（%）

職　種	働けるかぎり①	定年まで雇用②	出向転籍促進③	独立転職を前提④	その他	計
管理職	6.2	80.6	10.6	0.9	1.7	100.0
専門職	6.2	81.8	6.5	3.4	2.2	100.0
現業監督職	4.1	87.3	4.8	2.1	1.7	100.0
一般職（事　務）	2.7	87.9	3.7	3.8	1.9	100.0
一般職（技術・研究）	3.6	87.3	4.1	3.1	1.9	100.0
一般職（営　業）	2.9	87.8	4.2	3.7	1.4	100.0
一般職（現　業）	3.7	87.1	2.9	4.7	1.7	100.0

出所）人事・労務管理研究会報告書「新世紀に向けての日本的雇用慣行の変化と展望」（日本労働研究機構、平成11年3月）43～45ページ。

たしかに同報告書は、今後の見通しについては明言を慎重に避けている。というのは、九八年調査で将来見通しを聞いたところ、管理職の声は大きくトーンダウンして、先の二つの回答を選んだのは六一・一％にとどまったからである。しかし結果は推して知るべしだろう。仮に二〇一〇年あたりにもう一回調査が行なわれるとすれば、恐らくその結果は、世論と現実との甚だしい乖離を証明するだけになると思われる。

この調査結果についての江波戸哲夫氏のコメントは面白い。氏は次の三点をあげる。

第一に、いつだってサラリーマンは雇用に関して、その時点より暗い将来のイメージを持ちがちである。

第二に、しかし九八年までのところ暗いイメージは現実のものとはならなかった。

第三に、現実のものとならなかったのに、さらにまた将来に向けての不安を高めている。それは前回よりずっと強くなっている――と。(3)

〔注〕

1 「熊本日日新聞」(平成十三年五月二十四日)

2 人事・労務管理研究会「新世紀に向けての日本的雇用慣行の変化と展望」(日本労働研究機構、平成十一年三月)四三ページ以降。九八年調査についていえば、従業員百人以上の全国の事業所を六千社抽出し、そのうち二千百七十七社から回答を得た(有効回収率三六・三％)。なお私はこの資料の存在を江波戸哲夫『成果主義を超える』(文春新書)で教えられた。江波戸氏に感謝したい。

3 江波戸哲夫、前掲書、一一三ページ。

第二章　人間不在のアメリカ式経営

アメリカ式経営

ガードマンと段ボール箱

二年ほど前、私はある月刊総合雑誌で衝撃的なルポルタージュを目にした(1)。話の舞台は、いずれも日本に支社を置くアメリカ系金融機関の職場である。

ある週末、東京近郊の秋川渓谷で、アメリカ人のボスも加わって社員たちのバーベキューパーティーが開かれていた。パーティーは楽しい雰囲気で無事おわり、翌朝、幹事役だった日本人係長はボスに部屋まで来るよう呼び出された。「ごくろうさま」とねぎらいの言葉くらいかけられるのかと思ったところ、ボスの口から発せられたのは、なんと解雇通告だった。実は解雇はバーベキューパーティー以前にすでに決定されていたらしく、ということは係長氏が心を砕いて準備に走り回っていたのをボスは知っていたわけである。解雇通告後ボスは社員たちにたいし、「彼の役目は終了し、もはやここでの仕事はなくなった。本日午前中に荷物を整理して出ていく。皆さんは、私が今からでも彼を引き留めるべきだと思うか」と問いかけ、社員が言葉を失っている間に、「よろしい。異論はないね」とだけ言って自室に戻った。

同社ではこの一件以降、パーティーとか社内旅行といった催しは開かれなくなったという。幹事にでもなろうものなら、ヒマ人とみられてご用済みにされかねないからである。

これと似た話をもうひとつ。

ある社員が出社したところ、自分のパソコンもIDカードも使用不能になっていた。間もなくガードマンが段ボール箱を持ってきて、私物を詰めて午前十一時までにデスクを明け渡すよう伝えた。そして、突き出されたA4版ペーパーには「当該セクションは本日をもって廃止され、所属する社員は全員解雇する」旨が書かれてあった。

ガードマンが解雇を言い渡しにやってきたのは、社員が段ボール箱に詰める中身をチェックするためである。業務上知り合った人たちの名刺ファイル、フロッピーディスク、電話のメモ、これら全ては会社の所有物であるから持ち帰りは許されない、というわけだ。朝いつものように出社した社員たちは、こうして昼には失業者になった。

以上のような光景は、日本社会に住み慣れた私たちにとってはまさに異常である。だが今日のアメリカ社会では異常どころか、むしろ当たり前の日常茶飯事になっているのである。そういえば「ゴースト・バスターズ」という映画で、いかがわしい実験ばかりに現を抜かしていると睨まれた主人公の一人が（実際にいかがわしい実験ばかりなのだが）、大学当局からあっという間に研究室を取り上げられて解雇されるシーンがあったが、あれは決して映画のなかのフィクションなのではない。だから数十万ドルの年収を稼ぐ身分であっても、いつ解雇されてもいいように心構えをしておくのがアメリカ・ビジネスマンたちの常識だという。

ドライな経営の顛末

介護事業会社コムスンという名前をご記憶だろうか。コムスンといえば、介護保険がスタートする直前から派手なＴＶコマーシャルを展開したものの、あっという間に私たちの視界から消えてしまった会社である。同社の元「九州事業部統括部長」が手記を発表しているが(2)、それを読むと経営姿勢の軽さ、底の浅さには驚かされる。

コムスンは介護保険が始まった平成十二年四月、全国のセンター千二百カ所、正社員四千四百名、パートタイマー一万五千名でスタートした。一センター当り正社員四名、それに非常勤のヘルパー多数が必要であり、そのため不動産、軽自動車、パソコン、コピー機などが大量購入された。しかもその将来計画は途方もなく壮大で、「年内二千センター、翌年五千、三年後は一万センターをめざす」「訪問介護を中心に病院経営、配食など一大介護事業産業で二兆円規模の企業へ」などとおおっぴらに語られていたという。

ところが、いざ介護保険が始まってみると、これが大誤算だったことが明らかになる。一センター当たり顧客数の採算ラインは三十五人、理想的目標五十人であったのが、蓋を開けてみたら約半数のセンターで顧客ゼロ、多くて十〜十五人、全国で計一万人にとどまり、単純計算すると一センター当たり八人程度というありさまだった。ほとんどのセンターが開店休業状態になったのはいうまでもない。かくて早々と第一次リストラが断行され、五百センターを閉鎖して全国七百三十一ヵ所に縮小し、正社員千六百名、パートタイマー一万五千名が解雇された。にもかかわらず七月決算が十一億円の赤字だったため直ちに第二次リストラとなり、センター数がさらに五百五十に縮小、そして二千五百名の社員が地方を撤退して大都市圏へ移るよう命令が下りた。わが熊本のテレビから突如としてコムスンのコマーシャルが姿を消したのも無理はない。

経過を紹介するだけで空しくなってくるような話ではある。万が一にでもコムスンが軌道に乗っていれば、二一世紀を切り開くベンチャービジネスのモデルとしてもて囃されたのだろうが、結果はかくも惨憺たるものとなった。

理由は何か。同手記によると、これを計画・実施したのはアメリカの大学で経営学修士MBAをとってきた役員たち、通商「MBAグループ」であった。彼らは現実離れしたゲーム感覚の経営戦略を立て、日々の経営面でも十日に一度の割合で次々と新しい指示を出したため、方針は二転三転した。このように現場の事情をほとんど知らず、また現場からの声に耳を貸さないから、現場は混乱を深めるばかりだったという。

コムスン経営者の折口雅博氏は、「ジュリアナ東京」や「ヴェルファーレ」といった巨大ディスコを成功させたことで有名な人物である。だが介護事業というのはお立ち台をつくるのとは訳が違う。家族のなかに心身の不自由な人間を抱え、その介護のために家族が身をすり減らしているとき、そこで必要とされるのは安心や信頼に支えられた場なのである。TVコマーシャルを立て続けに流せば客が集まると思ったのなら、介護事業なるものをよほど軽く考えていたに違いない。体験者なら誰でも知っていることだが、どの介護施設を選択するかの決め手は親しい知人からの「口コミ」である。あるいは、実際に足を運んで目にした職員たちの応対ぶり、施設の雰囲気である。にもかかわらず、それをスーパーやコンビニなどと同列に扱ってしまう安直さは実に寒々しい。

またコムスンが地方から撤退した背景には、ローカルな生活文化についての無知があった。つまり、コムスンの誤算の一つに、一件当たりの客単価が予想以上に低かったという事情があるのだが、家族や親戚関係が比較的緊密な地方では、本人負担を節約する必要もあってまず何よりも家族が介護に携わるのである。コムスンは単価の割安な「家事援助」よりも、割高な「身体介護」を当てにしたのだろうが、地方での人間関係は大都市圏ほどバラバラではない。しかもこうした人間関係に対する無感覚、あくまで金銭勘定による合理の追求は、当然ながら社内にも跳ね返らざるをえない。事実、強引な転勤命令に応じきれずに退社を余儀なくされた社員たちは、こんどは自らの口コミでコムスンの悪評を言い立てる側にまわったのである。地に足がつかぬ経営とはこういうのを指すのだろう。

「企業統治」論の真意

新聞社説の混乱

以上のようなアメリカ式経営は、このように、もはや対岸の話ではすまされなくなった。先のルポルタージュからもわかるように、日本に上陸したアメリカ系企業はその独特でドライな雇用・解雇システムをも持ち込んできたからである。このようなシステムが日本を席巻してしまうかどうかについて、私じしんは否定的に考えているが、しかし、「グローバル化」を鼓吹することが日本のこれまでの企業社会にとってかくも破壊的であることを、私たちは知っておくべきだろう。すでに日本社会でもグローバル化の動きは活発化しつつある。だがその歩みは一直線ではない。異質の文化が接触しあって摩擦熱が生じ、そこに人びとの戸惑いと決断が交錯するからである。

さて本題に入ろう。二〇〇二年に入り、商法改正についての議論が急速に浮上してきた。資本金五億円以上の企業の取締役会の改革がその柱である。拙稿が上梓されるころには改正商法が成立しているだろうが、日本企業の変化の方向を知る上で大事だと思われるので触れておきたい。

手短かにいうと、これまで経営の執行および監督機能が取締役会に集中していたのを、今後は両者を切り離すことができるようになる。つまり日ごろの経営に専念するのは最高経営責任者（CEO）とし、これを監督するのが取締役会とするという、いわば二重体制になるわけである。形の上からみると、これがアメリカ型企業統治（コーポレート・ガバナンス）に酷似したものであることはいうまでもない。

では、なぜあらためてアメリカ流の企業統治スタイルの導入が必要になったのか、そしてその導入が日本の企業にとっていかなる意義をもつのか。この点になると、議論はにわかに混乱を呈することになる。

私の手許にある新聞社説は、導入の背景として次の二点をあげている。第一に従来の取締役会は人数が多過ぎて機動性に欠けること、第二に雪印乳業の食中毒事件や三菱自動車のリコール隠しなどの一連の不祥事の背景には問題をかばいあう体質が横たわっており、取締役会の形骸化がみられること。ここからこの社説は、商法改正への期待をこう語っている。

「経営の役割と責任を明確にし、透明性を高くすることは当然である。商法改正をきっかけに、ややもすれば旧態依然と指摘される経営体質に風穴が開くことを期待したい」と。要するに今回の商法改正の眼目は、経営の効率と透明性を高めるための経営陣の再構築、というわけだ。

最近は「透明性を高める」「ガラス張りにする」ことが声高に叫ばれるご時世である。日本版オンブズマンの人たちからは叱られるかもしれないが、私はこのたぐいの議論はよくいって噴飯ものであり、極端なまでに拡大されればそれは際限のない告発合戦になる、と考えている。もちろんある限度内でと断わった上での話だが、そもそも、ちょっとしたミスを庇いあえないようでは信頼性のある人間関係、安定した組織とはいえない。いかなる組織にもハンドルの遊びのような余裕は必要であり、それを悉く排除してしまったらそんな組織は一瞬たりとももちこたえきれないだろう。たとえば、警官のスピード違反を身内で隠したことが警察の「不祥事」としてしばしば報道されるのだが、これが新聞の四段見出しになるほどの不祥事なのかどうか私には不可解である。ちなみにスピード違反でパトカーにつかまったような場合、「こんどだけは見逃してやろう」と慈悲深く言われてそこで小躍りせぬドライバー、あるいは「そんな不正は許せぬ」と息巻くようなドライバーが一人でもいたら、ぜひともお目にかかりたいものである。他人にたいしてはもっぱら透明性を、自分についてはひたすら「人権」を主張したのではまるで筋が通らない。交通違反を犯して正当にもつかまってしまった人間は、運が悪かったのではないのだ。つかまらなかった人間の運が良かっただけの話である。運が良かった人間には祝福してやるくらいの度量があっていい。

話が本筋からそれた。もとに戻そう。

先の論説委員氏は、商法改正が日本の「旧態依然」たる「経営体質」に風穴を開けるだろうと期待を表明した。ところがそう述べた直後に氏は立ち往生する。「とはいえ、この新制度がどこまで浸透するかは不透明だ」。なぜなら「日本の経営者は大半が生え抜き従業員」であり、しかも社外取締役といっても「適切な人材には限りがある」からである、と。

ここまで一所懸命に読んできた読者は、さぞがっかりしてしまうことだろう。そんなことなら初めからそう言ってくれたらいい。「こんな非現実的な法改正は無駄だからやめるべきだ」と。結局のところ社説は、「まずは内外で評価の高い企業が先陣を切り、モデルケースになることが求められる」という結末になるのだが、これでは少々無責任に過ぎるのではないか。天下の世論を牽引すると自負する新聞社なら、自ら率先してモデルケースの役を買って出て、「すばらしい成果を得ました」と報告するのが筋というものである。

要するにこの社説では、今回の商法改正によって日本企業の経営体質がどう具体的に改善されるのかがさっぱりわからないし、だから私は論旨の混乱ぶりを逐一指摘してきたわけであるが、正直のところ、いかにも空しい作業ではある。というのは、アメリカの巨大エネルギー会社エンロン、通信会社ワールドコムの破綻は、とりもなおさずアメリカ型企業統治すら経営トップによる前代未聞の詐欺行為を防ぐことができなかったことを露呈したからである。しかも株価維持のための粉飾決算がアメリカ企業では広範に行なわれていることも明らかになった。ブッシュ政権は株式市場の信頼を取りもどすために今後は厳罰をもって臨むとしているが、これが特効薬たりえないことはいうまでもない。すぐあとでも述べるように今日のアメリカでは企業経営はもっぱら株主（投資家）たちのためになされており、株価を引き上げることが最優先されるという構造があるかぎりはこうした企業犯罪はなくなるはずがないからである。いわば粉飾決算による経営バブルはアメリカの経営構造に埋め込まれているわけである。にもかかわらず、日本はこのアメリカ型企業統治を今さらながらに導入しようとしており、マスメディアがこれを推奨しているのだから、どうにも理解に苦しむ。

伊丹敬之氏によると、(3) 全体的にみて日本でのコーポレート・ガバナンスをめぐる議論はおよそ混乱に満ちているという。何のためにアメリカ流のCEOを導入しなければいけないのかについて、企業の当事者の間でさえ理解が欠如しているそうだ。伊丹氏はこんなエピソードを紹介している。すでにCEO制度を導入した企業の担当部長に氏が、「CEO制度のメリットは、株主代表訴訟の対象になる取締役の数を減らせるというリスク管理が最大のもので、それ以外はあまりないのではないか」と問いただしたところ、その返事は、「そうなんですよ。実際には何も変わらないし、メリットがよくわからない」というものだった。そしてその部長は、役員を二層に分けることによってトップの権限がむしろ強化されてしまうのではないかと危惧をもらしたという。

「すべての権力を株主へ」

コーポレート・ガバナンスをめぐる議論の混乱は、二つの面から考える必要がある。

第一の側面は、そもそも本家本元であるアメリカではコーポレート・ガバナンスが何を目指すものであったのかであるが、ここにはいかなる曇りも混乱もない。つまり株式市場をとおした企業の合併や買収を容易にし、株主主権を打ち立てること、この一点につきる。

やや逆説的に聞こえるかも知れないが、アメリカの金融法制の歴史は金融機関の企業株式保有と株主権限行使を制限する歴史であった。だが誤解してはならない。この背景には、もともと株主主権を最優先する考えが当たり前のように存在しており、巨大株主が支配する危険性がつねにあったからこそ、逆にその規制が重視されてきたのである。こうした規制がなければ、実際の経営陣は、形の上では経営を依託された代理人にすぎなくなる。株主にたいする最低限の規制は欠かせなかったわけだ。またそうだからこそアメリカでは、企業を支配するのは所有者つまり株主なのか、それとも経営専門家たる経営陣なのかという論争が延々とくりかえされてきたのである。

一九五〇年代のアメリカでは、まだ経営陣は格別に株主だけに責任を負っていたわけではなく、諸々の利害関係者（つまり株主、従業員、取引業者、地域社会など、いわゆるステイク・ホルダー）において「最も均衡ある利益を実現する者」というのが常識となっていた。だが、定義とか責任の所在といった原理を重んずる国柄なのであろう、P・F・ドラッカーによれば[4]「本来企業の統治機関たる取締役会までがますます無能化し、経営管理陣の言いなりになるだけの存在」となっていったという。今日とは違って、株主たちはただ配当金を受け取るだけの存在だったわけである。

だが七〇～八〇年代にかけて、いよいよ株主たちの「反革命」が起きる。それを金融的に保障したのは年金基金の肥大化である。年金とは現在の従業員の貯蓄にほかならず、将来の家計の支えこそ唯一の社会的な目的であるにもかかわらず、これが投資先を求めて滔々と金融市場に流れこみはじめ、企業買収、合併、整理・統合のための手段と化したのだからたまらない。株主と経営陣との力関係は一挙にくつがえって株主が主権者の地位につき、経営陣は文字どおり株主＝企業所有者の代理人へ、つまり利害関係者の「最も均衡ある利益を実現する者」から「もっぱら株主の利益のみに責任を負う者」へとその役割を限定していくことになった。

しかも年金は誰か特定資本家の所有する資金ではなく、しかもそれを運用するのは不特定の投資家たちであるから、かれらが企業経営そのものに関心を抱くことはまずない。自分の投下した資本がどれだけ価値を生むか、これだけである。そして経営陣にたいし「これからはわれわれ投資家の方だけ向いて経営に専念せよ」と命ずる。こうなると、かつて経営者たちに要求された様々なステイク・ホルダーへのバランスのとれた配慮は無用となる。解雇された従業員がアパート代すら払えなくなってホームレスに身を落とそうと、取引業者が仕事を失って路頭に迷おうと、あるいは工場閉鎖で地域経済が壊滅しようと、経営陣の知ったことではない。ひたすら株価を引き上げ株主たちのご機嫌を損ねないことだけが経営陣の仕事になり、もし失敗でもすれば自分たちもリストラされることになる。

八〇年代になってアメリカで華々しく活動したものにグリーンメイラーがある。これは、ある企業に狙いを定めて株式を買い占め乗っ取りをはかる個人投資家たちのことである。もともと脅迫状のことをブラックメイルというが、アメリカ紙幣がグリーンであることにちなんでつけられた名前だといわれている。このグリーンメイラーは企業経営そのものに関心を持つことはない。ターゲット企業が〝脅迫〟に屈してプレミアムつきで株を買い戻してくれれば大成功である。万が一経営権を取得することになっても、株価が上昇したのを機に持ち株を売り飛ばせばいい。とにかく株の売買によって利益をあげればいい、これが彼らの唯一の経営哲学である。むろん、こうしたグリーンメイラーの横行にたいし、経営者たちは様々な防衛策を講じつつある。面白い話だが、ターゲットにされて窮した企業を救済すべく自ら友好的に買収に乗り出す企業をホワイトナイト（white knight）という。

　要するに世上を賑わせるにいたったコーポレート・ガバナンスとは、企業統治の原則のごとき衣装をまとってはいるものの、その内実たるや「すべての権力を株主へ」という、どこかで聞いたことのあるようなスローガンそのものなのである。

　以上からはっきりするように、コーポレート・ガバナンスなる議論はアメリカ国内の事情から端を発したものであって、日本にとっては決して内発的に起きたものではない。ところがアメリカの投資ファンドは世界中の資金を掻き集めようと大量の日本企業の株式保有にまで手を広げ、それらの株価の動向にも無関心ではいられなくなった。かくてかれらが送りつけてくるメッセージはこうだ。「日本企業はアメリカ投資家に好まれるようにせよ。株価上昇に最大限の関心を払え」と。わかりやすく言ってしまえば、「日本人はもう和食をやめてアメリカ産ステーキだけにせよ」というお節介と一緒なのである。

では、日本の保守派を代表するはずの自民党はどのように反応してきたのか。

小泉政権の「構造改革」をみればおおよそのことは推察できるだろうが、それは「反応」などといえるほどのものですらなかった。反応というのは何がしかの主体性を前提とするはずだが、わが自民党に関する限りはさにあらず、アメリカのメッセージを口移しに繰り返しただけだったからである。事実、商法改正に向けた自民党の第三次試案（一九九八年六月）には次のような主旨のことが書かれている。

ここ十年間わが国株式市場は暗澹たる空気に支配されたままである。その根底には長年に亘るわが国株式会社の宿病ともいえる「低い配当性向」をはじめとした「企業経営における一般株主軽視」がある。この際、株主重視の姿勢を一層鮮明にし、社外取締役の機能強化に努める「米国の企業社会に範」を求め、企業統治に関してもグローバルスタンダードを導入すべき時期である、と。

こうなると、わが国の与党および政府はいよいよ「アメリカ政府・日本支部」になったと揶揄されても仕方がない。

中身を欠き上滑りする議論

さて、もうひとつの側面についてである。なぜアメリカ型企業統治の導入が日本国内では混乱に直面しているのか。

この点を考える上で、ロナルド・ドーア『日本型資本主義と市場主義の衝突』（藤井眞人訳、東洋経済新報社）が大いに参考になる。サブ・タイトルが「日独対アングロサクソン」とあるように、日独型社会と英米型社会とを明確に異なったものとして描き、いわゆる「改革派」の主張およびその波紋について分析すること、これが同書の内容である。

まずドーアの結論は、日独社会の将来はずばり「おそらく悪くなる」ということだ。もっと具体的にいえば「彼ら［改革派］が求めているのは貧富の差を拡大すること、無慈悲な競争を強いること、社会の連帯意識を支えている協調のパターンを破壊することである。その先に約束されているのは生活の質の劣化である」(5)。企業の構造、関係重視の取引、競争者間の協調、政府の強力な役割といった面でも、「変化を減速させることはできても、押しとどめることはできない」と。このようにドーアによる将来の見通しは悲観的である（ちなみに本書の結論部分のタイトルは「良い奴がビリになる？」となっている）。

だが、私の印象はやや違う。同書が全体をとおして浮き彫りにさせているのは、むしろ改革論が現実にはいかに上滑りしているかということなのである。実際ドーアじしん「日本語版への序」で次のように語っている。「改革を求める主張が激しいわりには、そして英米の経済紙の記者が、やれ終身雇用の終焉だ、やれ系列の解体だ、やれメインバンク制度や株式持ち合い制度の破綻がきたのだと毎日のように報道していたわりには、そして『日本経済新聞』の記者たちも外国の同僚に負けまいとそのアメリカ型傾斜変動の『兆し』を書き称えたわりには、日本では（ドイツでもそうだったが）実際の制度の変化、経済行動の変化はそう大きくなかった」(6)と。

考えてみれば当然のことである。昨今の改革論が日本にとって何ら内発的でないのなら、中身を欠いた上滑りのものになって当たり前であろう。小泉首相の「構造改革」がいっこうに正体不明であることがそのことを如実に象徴している。

要するに声高な改革論にもかかわらず、日本の現実は単純にその方向に動いているわけではない。そうした事実一つひとつについては同書を参照していただくことにして、ここでは興味深いエピソードを紹介しておこう(7)。それはトヨタが取締役にたいしストック・オプションを供与すると決定した時のことである。ドーアは重役の一人に「なぜそうしたのか」と質問する。

重役「取締役にインセンティブをあたえようということです」

ドーア「そういうインセンティブを追加してやらなければたるんでしまう、といった考え方があったのですか」

重役「そんなことは絶対にありません。それはまた――まあ、ご存じのとおりウチの会長が経団連の会長を務めておりますから――わが社なりにそうすることによって、新しいシステムを日本に定着させるための一助になるのではないかと」

こんな答えを聞いてわがドーア先生は途方にくれてしまう。「社会的責任」の拡大解釈かな? それとも、すべての日本人が永遠に続くアメリカの日本批判をかわすのに努力する責任を負うのかな? いずれにせよ「まあご苦労なことだ」というのがドーア先生の正直な印象だったに違いない。

なお、これにはもう一つ傑作なオチが続く。一九九七年のダヴォス世界フォーラムで当の豊田章一郎会長がスピーチを行ない、日本でも「株主主権」を実現するためのいくつかの措置がとられたと述べた。豊田氏はアメリカでいつも受けている祝福を期待したらしいが、実は違った。聴衆の一人から、「日本はドイツ型に近い会社経営で成功してきたのに、その利点をなぜ放棄しなければならないのか」と質問されてしまったのである。豊田氏がなんと答えたのかについてドーアは触れていないが、その光景を想像してみるのも一興かもしれない。

アメリカ産業界と市場原理

所変われば品変わる

日本の企業でおこなわれているQCサークルをご存じかと思う。職場単位で編成され、職場の問題点を発見しその改善のための提案をつくっていく小集団活動がそれである。

具体的なやりかたは企業によってまちまちだが、たとえば月に一回とか二回会合をもち、QCリーダーのもとで職場のメンバーが自由に議論する。残業時間に開く場合にはもちろん時間外手当が出る。活動のテーマは品質改善、職場の安全、コスト削減などである。QCサークルへの参加は一応「自主的」ということになってはいるが、実際は必ずしもそうではない。勝手に欠席するには、査定が多少は下がりうることを覚悟する必要がある。また、そうした活動のなかから個人ないしサークルが意欲的な提案をまとめあげれば、工場レベル、全社レベルの大会に出席して賞を獲得する道も開けてくる。

小集団活動の目的のひとつが生産性向上にあることはいうまでもない。だが真の目的はむしろ職場の活性化にあったとみるべきだろう。もちろん生産性向上と職場活性化は分かちがたく結びついてはいるが、問題の性格としては別個である。つまりこうだ。一九六〇年代の日本が著しい技術革新をとげ、賃金も毎年のように上昇していったことは誰でも知っているが、しかしその結果、職場のなかに若年層を中心に疎外感や無力感が広がって、これが職場秩序にたいする懸念を生むことにもなった。

一九七一年に日本生産性本部が五万人を対象に「職場と生活」に関する意識調査をおこなったのだが、[8]その結果は深刻な問題を投げかける内容だった。たとえば「あなたは最近、生きていてもどうということはないと思ったことがあるか」との質問に、働く十代後半の五〇％が「はい」と答え、二〇代前半の層も同じ答えが四〇％を超えた。「仕事に満足しているか」との質問にたいし、同じ若年層の六〇％近くが「いいえ」と答えている。さらに「会社の業績や経営方針を知るために積極的努力をしているか」と聞かれて十代後半ではわずか一一％、二十代後半でも二五％しか「はい」と答えていない。

このような現実はあらためて職場の人間関係を見直すきっかけとなり、人間関係論や行動科学をめぐる議論が盛んになった。これに呼応して職場でも、ＱＣ活動やＺＤ（無欠点）運動、提案制度といった小集団活動、また作業員の視野や技能を広げるためのジョブ・ローテーション、一言でいって職場の活性化をめざす方策が次々と講じられていったわけである。理論としての人間関係論や行動科学はアメリカが発端であるが、その実際の運用という点で日本の経営者は確かに敏感であり先見の明があった。その導入に際して当時の労働組合は「組合の機能を奪うものだ」と歯ぎしりしたものである。いくつかの調査によると、[9] これらの諸活動にたいして、「会社側のお仕着せだ」との声がある一方で、「技能の向上につながる」「仕事に張り合いが出るようになった」との評価は少なくない。

さて一九八〇年代に入ると、以上のような小集団活動は太平洋をこえてアメリカに渡り、「リーン生産」とか「チーム方式」と呼ばれて大規模に移植されていった。これを受け入れたアメリカ側の事情は深刻であった。自動車産業をはじめ不況にあえぐアメリカの産業界はワラにもすがる思いで、手法としての小集団活動を採り入れたのである。

ただし、たった一つだけ、採り入れなかった点があった。それは、アメリカでのチーム作業方式では従業員の雇用が保障されていない、という点である。[10] チームは一般社員による自己管理とされ、管理者の監督はほぼ全面的に排除された。ここにはお仕着せの要素は一切ない。しかし、もしもチームが失敗して収益をあげられなかった場合には、チームは解散、従業員たちは解雇となる。これが日本の小集団活動と似て非なるものであることはいうまでもなかろう。要するに従業員たちに権限を委譲したのは事実だが、「自己責任」と称してリスクを従業員に押しつけただけなのである。

雇用保障がなく、作業の結果にたいして管理者が責任を持たないとなったら、いったいチームのなかの人間関係はどうなるのか。不振から脱却するためにチームの成員が結束すると考えたら大間違いだ。それとは逆に、従業員たちは自分だけが解雇から免れようと必死になるから、チームは上っつらだけのものとなる。お互いの話を聞こうとしない、自分の犯したミスを絶対に認めようとしない、他人には相談しない、等々。従業員にとってみたら何のためのチームだかさっぱりわからない。リチャード・セネットによれば[11]、全従業員の四〇%をベトナム人が占めるあるハイテク企業で、かれらは特にチーム方式を嫌がったという。それが共産主義的な集団労働にそっくりだったからである。セネットはこう断言する。「チームワークの虚構は、その中身の皮相なこと、『いま』への集中、そして抵抗を受け流し［労使間の］対立を避けるという特性によって、従業員支配の実行にはうってつけなのである[12]」と。

企業の付属物としての従業員

ピーター・キャペリの描くアメリカ産業界の最近の動向は実にすさまじい。「株主重視」の大合唱のもとで企業経営の内部にまで市場原理の暴風が吹き込み、あたかも荒れ地の上に組織の残骸がかろうじて持ちこたえているかのような光景が浮かび上がるからである。同書によりつつ、その一端を紹介しよう[13]。

あまり知られていないことだが、アメリカでも一九五〇年代から三十年間ほどは日本と似て終身雇用が広く定着していた。たとえばＩＢＭがそうである。ＩＢＭで終身雇用が始まったのはやはり一九五〇年代で、四十年間の歴史のなかで一度たりともレイオフをおこなわなかったことを自慢にするほどだった。人事管理の面では、採用に際しては特定のスキルを要求するのでなく、むしろ協調性や人格といった総合的な適性を重視し、長期間にわたる社内での教育プログラムをつうじて人材を育てるのを旨とした。この点も日本の場合とそっくりである。むろんその背景には、同社が大型コンピューター市場で競合相手をもたぬ独占的な地位に立っており、その事業計画も通常十年ないしそれ以上におよぶといった安定した状況があった。

転機はパソコンが大型コンピューターに取って代わりはじめた一九八〇年代なかばに訪れた。二万人余りの社員を配置転換するリストラ策がとられたが、事態はそれで終わるどころか、次の荒療治の呼び水でしかなかった。IBMの終身雇用こそ自分たちに損失をもたらす元凶とみた株主（投資家）たちが一気に反撃に出て経営の主導権を握ったからである。最高経営責任者（CEO）のジョン・エイカーズは投資家たちの圧力によって辞任に追い込まれた。九四年には創業以来はじめてのレイオフが発表されたが、社員の多くが住むポーキプシー市では万が一にそなえて銃砲店を閉めるよう当局から要請されたという。結局このレイオフにより、最高時四十万人だった社員は二十二万五千人にまで縮小された。

もう一つ、さらにすさまじいのはスコット・ペーパー社の事例である。ペーパータオルの考案や「スコッティ」のブランドで知られるスコット社は、フィラデルフィア近郊の伝統ある（創業は一八七九年）企業であると同時に、世界最大のティッシュ・メーカーであった。

一般に製紙業界は設備過剰による景気の変動を受けやすいといわれるが、スコット社も生産能力の大幅な拡大によって九〇年代に景気後退にみまわれた。リストラがおこなわれCEOも交替をよぎなくされたのだが、世間を騒がせたのは創業以来はじめて外部から新たなCEOが乗り込んできたことだった。ウェストポイント（アメリカ陸軍士官学校）出身のアルフレッド・ダンラップがその人である。ダンラップは「冷酷なまでのコスト削減をモットーとした経営スタイル」で広く知られていたが、彼のもっとも得意としたのは「会社の売却」なのであった。

ダンラップは当時の株主たちの不満を代弁するかのように、スコット社を「格式ばった旧式の、完全に方向性を見失った会社」と断じ、「株主にしてみればテロリストに占領された方がまだましだった」と旧経営陣を非難した。彼がCEOに就任した一九九四年に再建計画が公表されたが、その核心は三四％におよぶ人員削減（うち本社は七一％削減）であり、しかもそれを一挙に実施するというものだった。だがこれもほんの序の口にすぎなかった。ダンラップは「経営難に陥っている会社の文化は根絶する必要がある」として、地域にたいする寄付金をいっさい廃止し、業界団体との関係からも手を引かせた。

こうしてみると、ダンラップがスコット社の再建をめざしていたのかどうかは実に疑わしい。再建するか、それとも売却してしまうかの選択はただ一つの条件、つまり株主に有利かどうかにかかっていると彼は考えていた。選択の結果はいうまでもない、「売却」であった。ダンラップがCEOに就任してわずか十五ヵ月後の一九九五年七月、スコット社はキンバリー・クラーク社に売却された。驚くべきことにそれは、本社機能を大幅に縮小して移転した二週間後、しかも移転先の自治体から同地域の雇用創出にたいし二十八万ドルの助成金を受けた直後のことであった。こうなると、もはや厚顔無恥としか表現のしようがない。だが一方で、ダンラップの矢継ぎ早の荒療治は金融界からは賞賛の拍手をもってむかえられ、同社の株価は三倍近くにまではねあがった。経営幹部や取締役の報酬がこれに応じて増えたことはいうまでもない。そしてダンラップはといえば、一億ドルを手にしてスコット社を去ったのである。

P・キャペリの前掲書によると、ダンラップのようなケースは決して例外的なものではないらしい。ある事業部門の担当役員が自分も失職するのを覚悟の上で同部門を売却することがあるという。そうすることで自分のストックオプションの価値が上昇し、さらに退職金手当てなど高額の支払いをうけることができるからである。だとすれば、その担当役員の眼中には従業員の姿はいっさいないわけで、あったとしても会社に付属する資産の一部としてでしかない。ただ、一つだけ付言しておけば、企業の売却がつねに従業員を犠牲にするというわけでもない。たとえば敵対的な企業から合併のターゲットにされたような場合、逆に友好的な企業を探し出し、積極的に合併をもちかけて従業員を救うこともありうるからである。

いずれにせよ、以上にみた株主たちの行動は「投資」という範疇をとっくに踏み外しているといわざるをえない。投資とはがんらい、企業経営の将来性にたいして資金を投じ、現在から未来にたいして橋渡ししていく行為のはずである。だが今日のアメリカの投資家たちには将来性とか未来といった視点はまるでなく、あるのは現時点での株価変動だけである。そこにあるのはマネーゲームでしかなく、もし理念らしきものがあるとしたら拝金主義としか呼びようのないものである。そしてそのような行為に人生をかける投資家の姿を想像すると、その凄まじさに圧倒されるだけでなく、逆に救いがたいほどのニヒリズムさえ感じてしまう。

経営者への不信

では、「株主重視」時代に移行することによって、アメリカ企業は従業員たちを自由にコントロールできるようになったのか。実は、全然違ったのである。むしろ、企業さえもが市場原理に翻弄されるという、このままいけば底なし沼といった方向に向かいつつある。

九〇年代には、アメリカの大企業の三分の二が社員にたいする雇用保障を放棄したとみられ、特にトップ企業にあってはほとんどがレイオフを恒常化させた。管理職クラスでも平均の勤続年数はせいぜい三年ないし四年だという。

ところで奇妙にみえることだが、九〇年代後半に入るとアメリカの失業率はホワイトカラーで二％台、ブルーカラーで六％台をいずれも下降している。だが誤解してはいけない。これは景気回復とはなんの関係もない。今日のレイオフは、七〇年代までとは違って、一方で解雇しつつ他方で新規採用をしつづけるという「新旧の入れ替え」になっているからである。かつてだったらレイオフされても、労使間の「先任権」の協約にもとづいて景気回復と同時に再雇用されたわけだが、今日ではレイオフは永久解雇を意味する。だからレイオフされた人間は次々と転職をくりかえすわけで、このことが失業率の数字を押し下げる理由になっているにすぎない。

アメリカでは転職をくりかえすごとに収入が増える、といった話を耳にされたことがあろう。だがこの話は、百パーセント嘘とまでは言わないが、事実を正確に伝えていない。ある統計によると、(14)転職によって収入が増えた者は三〇％にも満たず、再就職ができなかったり収入が減った者の合計は実に六一％に達する。正社員を解雇して臨時社員や契約社員に入れ替えるのが主流となりつつあるのだから、全体としては職業上のランクは下降していく傾向が強まるとみた方が正しいだろう。もはや多くの大企業は、長期にわたる社内研修をつうじて幹部社員を育成することをしなくなった。陳腐になったスキルの担い手を追い出し、「即戦力」を雇い入れるのみである。こうなると賃金構造にも大きな変化がもたらされることになる。転職が常態化するのだからそれぞれのスキルの賃金は労働市場によって規制される以外になく、社内での賃金の整合性は失われるのである。簡単にいえば、ある種のスキルの若手社員の賃金がベテラン社員のそれを大幅に上回ってしまう事態がざらに生ずるわけである。

これでは従業員たちのモラールが低下し、自分の企業のために献身する気力が失せるというのも当然だろう。事実、キャペリの同書が紹介するすべてのデータは、社員のモラール低下、経営陣への不信の増大を物語っている。社員が就職して仕事をするのは、もはや会社のためにではない。次の転職にとってそこでの履歴が役に立つかどうか、ただそれだけである。いいかえれば会社はもはや、社員たちのモラールを当てにしたり、同一企業につなぎとめる方途を失ったわけだ。皮肉な話だが、優秀な社員をつなぎとめておくために転職情報を与える会社さえ生まれているそうである。これこそ企業じしんが市場原理に翻弄された姿そのものだといっていい。

新世代の生き方にも大きな変化が生まれた。キャペリが教えているMBAクラスでは、学生たちが最近ますますリスクの高い選択肢を選ぶ傾向が強まっているという。新世代は将来の見通しについて悲観的になっているから、若いうちにリスクをとってでも財産をつくってしまおうと考えているからだ。こうした一か八かの賭けに出るような学生たちの姿について、キャペリは「一

種の強迫観念にとりつかれているようだ」と評している。(15)

市場原理への対抗

ライクヘルドの異論

以上でみたように、アメリカでは企業社会を市場原理の嵐が席巻し、その結果企業が従業員をもはやコントロールできなくなっている。実際、平均してアメリカ企業は五年間で顧客の半分を、四年間で社員の半分を、そして一年以内に株主の半分を失っているといわれている。このことについて大方の専門家は「ロイヤルティは死んだ」と言い、「将来は一見客《いちげん》とのその場限りの取り引きだけということになりそうだ」と展望する。これが今日のアメリカ産業界のオモテの言説である。

だが他方、こうした見通しに異論を唱える動きもある。その一人がフレデリック・F・ライクヘルドで、彼の著作『顧客ロイヤルティのマネジメント』(ダイヤモンド社)は具体的な実例をあげながら、アメリカの企業経営がいかに誤った方向へと向かいつつあるかを論じている。彼は同書の冒頭でこう言いきる。

「逃げ足の速い投機家、転職を繰り返す『ジョブ・サーファー』、使い捨てにされる社員、飽きっぽい顧客——こんな世界に、暗澹たる気分で足を踏み入れる時代が本当にやってくるのだろうか。答えは『ノー』だ——もし企業が長期的な成長、長期的な利益を心がけるのであれば(16)」。

もしアメリカの企業家たちが長期的な視野に立って利益を上げたいと考えるならば、今日のような市場原理の支配はいずれ収束に向かうだろう、とライクヘルドはみる。その理由は、長期的な取り引き関係が成立しないような状況下では企業の業績は二五〜五〇%、場合によってはそれを上回って落ち込んでしまうからである。これとは対照的に、優良顧客や生産性の高い社員、そして支援を惜しまない株主を獲得し維持することに力を注いでいる企業は、優れた結果を出し続けているという。

ここから想像できるように、ライクヘルドの主張は、アメリカ産業界の市場主義をたんに道徳的に非難することにのみ向けられているわけではない。それが結局は企業の凋落や破綻に行き着かざるをえないのだというのが、彼の主張の眼目なのである。たとえば彼はこういう言い方をする。今日多くみられるのは「善の利益」ではなくて「破壊の利益」である。それは暴利をむさぼるといった行為を正当化し、企業の評判を落とし、本来は永続を願うはずの企業の平均余命を実際には短くしてしまうのである、と。

同書のキーワードは「ロイヤルティ」であるが、それは「忠誠心」ほど時代がかったものではなく、「結びつきへの志向」というような意味合いとみてさしつかえない。現にライクヘルドは、「ロイヤルティを人生のより『高尚な』機関（家族、教会、学校、地域社会）だけに結びつけて考える」ことに反対しており、むしろビジネスとの関連性を重視している。つまり一言でいって「ビジネスとは常に、顧客、株主、社員、国家、自分自身への相反するロイヤルティの間でバランスを見い出すこと」なのである。[17] ロイヤルティそのものに善し悪しがあるわけではない。ライクヘルドはロイヤルティについて「目標、戦略、方針、経営姿勢という銀河系全体を包括する言葉」だと、やや回りくどい説明をしているのであるが、その真意は、時には矛盾しあう幾重ものロイヤルティにどのような優先順位をつけ、どう調整していくのかという点にあると思える。だから、昨今の「お粗末で不道徳ですらある判断を下す」一部の企業人の場合でも、それが市場競争一辺倒という近視眼的利益にのみロイヤルティを示すという点で、やはりロイヤルティが働いていることになる。

これにたいし彼のいう本来のロイヤルティの行動原理とは、「まず顧客に高い価値を提供し、結果として生じた豊富な価値が社員や株主にも行き渡るようにする」という考えに則っており、したがって利益を第一目標とは考えない。要するに、自己利益の追求と他人への奉仕の姿勢とがバランスしていることが大事なのだ。そもそもビジネスは競争ゲームに尽きるのではない。もっとそれ以上の意味がある。人びとは、金儲けのためだけに存在する組織よりも、奉仕目的の組織にエネルギーを投ずる方が、ずっとやる気をかきたてられるものである。このようにロイヤルティへの誇りは、人びとのモティベーションやエネルギーの源泉となり、組織の経済的効果を増幅させるのだ、と。

ロイヤルティ重視の経営

ライクヘルドの議論には型破りな点はひとつもない。むしろ私たちの常識や日常性そのものに即しており、それを理論化したにすぎないと言ってもいいくらいである。

私たちの日常にとって市場原理が支配する分野はほんの一部でしかないのである。たとえば日常生活のなかで、いかに新奇あるいは合理的な発想を好む人間であっても、値段のあらゆる情報を集めてそのつどいちばん安い店に行って買い物をすることはそう多くあるものではない。たしかに個人で株取り引きをやっていたり、趣味にまつわる物を買い集めるような場合だったらそれもありうるだろうが、それは生活のほんの一部である。魚はあの店で、野菜はこの店でといった具合に、日常欠かせぬ買い物の場合には行きつけの店とか馴染みの店とかが必ずあるはずだ。まして一時の安息を求めて立ち寄る飲み屋ともなると、女将の人柄が良い、客筋が良いから安心して飲めるなどの条件があれば、料金が少々高くてもそれほど不満には思わないのが紳士淑女というものである。そして共稼ぎの忙しい夫婦にとってみれば、買い物の決定的要件は「時間」であって価格ではない。

こう考えてみると、市場原理についての教科書的理解はかなりいかがわしい。市場原理が貫徹するには、つまり価格と需給が完璧に連動してはたらくには、誰もがあらゆる情報を共有できるという「情報の完全性」が不可欠の大前提となるが、しかし実際にそこまで情報に飢えている人間は滅多にいないはずであるし、価格のみを買い物の基準とするような寂しい人間、暇な人間もそう多くはないだろうからだ。

このことを会社側からみれば、いったん獲得した顧客をどう維持していくのかということが大事な課題になる、ということである。顧客を獲得するには、店舗の立地や装飾、広告やダイレクトメール、時には接待といった具合いに様々なコストがかかるが、獲得した顧客をずっと維持できるならそれが有利にはたらくことは言うまでもない。たとえば日本国内におけるクルマの再購入率は、トヨタが七〇％であるのにたいし、他の競合メーカーのそれは五〇％である。そしてこの差はそのままシェアに直結する。喩えていえば、水漏れバケツのようなものだ。バケツを満タンに保つには穴をできるだけ小さくする方がいい。このように穴を小さくする、つまり顧客が逃げるのを防ぎ維持率を高めることじたいを企業経営の戦略にする、これが同書のいう顧客ロイヤルティの経営なのである。

ところで興味深いのは、顧客維持率が高い企業では社員定着率も高くなる。ライクヘルドはその事実を自動車サービス業について調べるうちに発見したという[18]。たしかに大手チェーン加盟工場の方が整備士はよく訓練され設備も整ってはいる。しかし他方で、技術や設備の点で多少は劣っているかもしれないが、地元工場で特定の整備士と懇意になることの方が安心感が得られる、というのも事実だ。その結果、整備士たちは責任感を強く持つようになり、これが定着率を高めることになるわけである。

それだけではない。社員が会社を信頼している場合には、顧客維持率が高まるだけでなく、新規顧客の獲得にも影響するという。ライクヘルドらが顧客にたいしその整備工場を選んだ理由を問うたところ、第一位はやはり「口伝え」だったのだが、第二位は「整備士から直接勧められた」という予想外の答えであった。つまりこうだ。会社が整備士たちに自慢できる価値を与えれば、彼らは自然にそれを友人や親類に推薦するというわけである。ライクヘルドによれば、社員たちのそうした意見が新規顧客数におよぼす影響力は、広告や販売活動を合わせたものより大きいのだという。

　彼はこう結論づける。「レイオフの効果とは、社員に、創造性を低下させ、リスクをなるべく回避させ、ロイヤルティを喪失させることなのである。レイオフを恐れ始めると、エネルギーは低下し、自分の安全やキャリアばかりが気になって、会社の業績などは念頭から消えてしまう。レイオフを頻繁に、あるいは大掛かりに行なった企業では、長期的な株価上昇率が市場平均を大きく下回るケースが非常に増えてきている[19]」と。いいかえれば、長期にわたって社員を雇用しつづけることこそが、企業業績に好影響をもたらすわけである。

　さて最後に、ライクヘルドの論点は「短期売買志向の株主」批判に向けられる。それは、「彼らの中で、自分たちのせいで莫大な価値が破壊されていることを自覚している者はほとんどいない」し、また「自分たちのような資本の所有方法が、その株式が売買される企業に途方もなく大きな損害を与えていることを理解していない」からである。事実、自分の保有株を年に一回から二回のペースで回転させる機関投資家はザラにいるし、年四回も回転させる大口投資家さえいる。こうなると、とりわけ上場企業にとって安定した経営は絶望的となる。

　そこで彼は、最もドラスティックな解決法として会社を非上場会社にしてしまうこと、あるいはそれが無理ならロイヤルティを重視する株主を注意深く選択せよ、と主張する[20]。ではロイヤルティ重視の株主など今のアメリカにいるのだろうか？　実は僅かではあるが確実にいるのである。一九九三年の調査では、一億ドル以上を管理するアメリカの機関投資家七百人についてみると、運用資産の平均回転率は六二％であった。しかしそのなかには、回転率一〇％未満、平均保有期間二十年という機関投資家が四％おり、同じく一〇〜二五％、五・七年の機関投資家も一六％程度いるのである。こうした株主たちをコアとして確保できれば、企業経営は株主の気紛れに翻弄されずにすむというわけである。

機能論ではあるが

以上がライクヘルドの主張の骨子である。長々とした紹介に退屈されたらお許しいただきたい。要するに顧客、社員、株主との長期的な信頼関係をうちたてること、それが結局は企業業績にとってプラスになると強調されているわけだ。彼はそのことを実例をまじえながら論じているのだが、しかしアメリカの現実が大勢としてそれに逆行していることはいうまでもない。将来の見通しについても意見は分かれている。P・キャペリは「市場原理の支配はもはや後戻りできない」と言い、反対にライクヘルドは「ロイヤルティ重視の経営に回帰していくはずだ」とみる。私たちとすれば、さしあたりはその成り行きをじっと見つづける意外にはない。アメリカの産業界も決して一枚岩ではない、ということだ。

ここで、ライクヘルドの議論について私の感想を述べておきたい。

読者の方がたも同じだろうが、日本人である私たちからすればライクヘルドの主張には同意できる点が多い。一九八〇年代までの日本型経営こそは、長期雇用のもとで社員のスキルを育て上げ、関連企業との間にも長期の契約関係をうちたててきたからであり、またそれこそが日本企業の競争力を高めてきたからである。

しかし彼の議論について思うのは、そこには不思議なほど歴史的文脈や文化的土壌が語られていない、ということである。いやむしろ、そこからは歴史や文化といった要素は意識的に排除されている、とさえいっていい。彼はロイヤルティは「科学」だという。いわく、これまでの優れた経営者はロイヤルティを「直感レベル」つまり「強力なリーダーシップ」とか「文化的伝統」というレベルでとらえてきた。だから最優良企業においてすらロイヤルティ重視の経営を「客観的かつ科学的なシステムにまで高めたところはほとんどない」と(21)。かくてライクヘルドは十数企業の事例をひたすら分析し、ロイヤルティの要素を抽出するわけである。

ライクヘルドの「科学」は典型的な帰納法である。もちろん帰納法だからといって恣意的というわけではないが、問題は、理論構造のあまりの単純さにある。たしかに彼の掲げるサンプルはロイヤルティの重要性を示しており、問題提起としても貴重ではある。だがその限りでしかないのだ。サンプルの幅を広げれば彼の立論は必ずしも成り立たない。

内容面でも疑問が浮かび上がる。アメリカでも一九五〇〜七〇年代まで終身雇用システムが広く定着していたことは既に述べたが、では、なぜ「科学」的であるはずのそうしたロイヤルティ重視の経営が八〇年代になって姿を消し、非「科学」的なはずの短期的視野型の経営に取って替わられたのか。その説明のためには歴史的背景は欠かせないはずではないのか。あるいはまた、長期の不況のもとでこれほど「リストラ」が声高に叫ばれているのに、日本では終身雇用が、多少の変容をきたしつつあるとはいえ依然としてその影響力を保っているのはなぜなのか。文化という要素をぬきにしてこれを説明することが可能なのか。要するに彼の議論には時代や文化といった背景的な説明がほとんどないから、まるで舞台も背景もない中空で、ロイヤルティと称する俳優が一人芝居を演じているかのごとくなのである。

このようにライクヘルドの議論は機能主義の性格が強く、その意味でいかにもアメリカ的という感じがする。だがそう認めながらも、今日のアメリカの事情を考えれば彼の主張には評価すべき点があるというべきだろう。同書をつうじて、アメリカという国が産業界の価値観をいとも簡単に転換させてしまう国柄であること、そうしたなかで現在もなおロイヤルティ重視の経営が少数ながら存続していること、これらの事実を知ることができるからである。

それにしても、ロイヤルティと称する俳優が少数ながら存在するとして、彼らが立っている現実の舞台と背景はどんなものなのか。あるいはもっと一般的に、アメリカの企業はどのような社会の現実に取りまかれているのだろうか。

それにはジョン・グレイの描く図柄がぴったりだろう。彼は近著の冒頭部分(22)でこう素描する。アメリカでは他のどの国よりも家族が弱体化している。その社会秩序は大量の人間を監獄に収容する政策によって保たれている。生み出される不平等はむしろラテンアメリカのそれに近い。こうしてアメリカでは自由市場、家庭とコミュニティの崩壊、刑法による処罰が、同時並行的に進んでいる。一言でいってそれは、他の先進国にはなかった規模の社会的崩壊そのものである、と。もしこれが事実だとすると、企業の依って立つ舞台はすでに腐りかかっているとしか言い様がなくなる。

私には、グレイの描く図柄がただちに日本の近未来図であるとは思えないが、さりとて全くの空想画だと断じる自信もない。だが明白なのは、ライクヘルドの主張が異彩を放っていることじたい、逆に今日のアメリカの荒廃ぶりを浮き立たせているということである。ロイヤルティとは、簡単に言ってしまえば人びとのあいだの信頼関係にほかならない。一般的にいって、顧客を初め、従業員、株主たちとの信頼関係を重視することは経営にとって当然すぎることだろうが、アメリカ社会にはそれが欠落してしまっているわけである。そして私たちが肝に銘ずるべきは、企業における信頼関係の欠落はそのレベルにとどまることなく、社会全般の状況とも決して無関係ではない、ということである。

フランシス・フクヤマが近著[23]で一九六〇年代以降の犯罪の激増について詳細に分析を行なっているが、幸いなことに日本での犯罪件数は欧米諸国と異なり一貫して横ばい状態のままである。それにしてもフクヤマの努力はすさまじい。彼の問題意識は、はたしてアメリカ社会は修復可能なのかという一点である。それは、生物学をも動員していかなる社会にも再構築しうる可能性があることを証明することに向けられており、同書の最後は、「われわれが希望をもちうる唯一の理由は、社会秩序を復元する強靱な能力が人間に生まれつき備わっているという事実である[24]」という一節で締めくくられている。だがこうなると、もはやアメリカに残されたものは信仰に近いものでしかない、と言わざるをえない。

〔注〕

1　小峯敦子「外資系社員〝首切り〟拷問物語」(「文藝春秋」二〇〇〇年三月号)。

2 中尾光明「『介護バブル』コムスンの虚飾」(『文藝春秋』二〇〇〇年十二月号)。
3 伊丹敬之『日本型コーポレートガバナンス』(日本経済新聞社、二〇〇〇年)一四ページ。
4 P・F・ドラッカー『ポスト資本主義社会』(ダイヤモンド社、一九九三年)一四六ページ。
5 ロナルド・ドーア『日本型資本主義と市場主義の衝突』(東洋経済新報社、二〇〇一年)三二五ページ。
6 R・ドーア、前掲書、Ⅳページ。
7 詳しくはR・ドーア、前掲書、一三八ページ以降を参照。
8 詳しくは森五郎・松島静雄『日本労務管理の現代化』(東京大学出版会、一九七七年)一六八ページ以降を参照。
9 例えば野原光・藤田栄史『自動車産業と労働者』(法律文化社、一九八八年)七八ページ以降を参照。
10 ピーター・キャペリ『雇用の未来』(日本経済新聞社、二〇〇一年)二一三ページ。
11 リチャード・セネット『それでも新資本主義についていくか』(ダイヤモンド社、一九九九年)一五五ページ。
12 R・セネット、前掲書、一六一ページ。
13 IBMおよびスコット社におけるリストラについては、P・キャペリ、前掲書の第三章を参照。
14 R・セネット、前掲書、二二二ページの図表8。
15 P・キャペリ、前掲書、三二五ページ。
16 フレデリック・F・ライクヘルド『顧客ロイヤルティのマネジメント』(ダイヤモンド社、一九九八年)二ページ。
17 F・F・ライクヘルド、前掲書、三九ページ。
18 F・F・ライクヘルド、前掲書、一七〇～一七一ページ。

19　F・F・ライクヘルド、前掲書、一六七ページ。
20　F・F・ライクヘルド、前掲書、二六一ページ以降を参照。
21　F・F・ライクヘルド、前掲書、四二〜四三ページ。
22　ジョン・グレイ『グローバリズムという妄想』（日本経済新聞社、一九九九年）四ページ。
23　フランシス・フクヤマ『「大崩壊」の時代』上下（早川書房、二〇〇〇年七月）。
24　F・フクヤマ、前掲書（下）一七一ページ。

第二章補論　ベンチャー神話の虚実

アメリカ・ベンチャー起業の実像

二〇〇二年四月、アメリカのベンチャー事情に関する実に面白いレポートが出た。古田龍助『ベンチャー起業の神話と現実』（文眞堂）がそれである。古田氏は私と同じ熊本学園大学の同僚で、経営戦略論の研究者である。

アメリカの大学で博士号を取るという経歴からも想像できるように、氏は自他ともに親米派と認められてきたのだった。「だった」と仰々しく過去形を用いたのには理由がある。二〇〇〇年八月から一年間のアメリカ留学を経て、今や古田氏は親米派の看板を返上し、アメリカの表層だけを鬻ってそれを日本に導入しようとすることがいかに愚劣であるかを警告するようになったからである。といっても、レポートを読むかぎり氏が必ずしも親米派から嫌米派へと一直線に転じたというわけではない。レポートの眼目は、日本国内におけるメディア情報がアメリカのごく一部にみられる現実を極端にデフォルメし歪めてしまっていること、そのため日本ではベンチャー起業に関する軽率な神話がつくりあげられているということ、これらを実体験で確かめながら実像に肉迫しようという点にある。同書に依りながら、アメリカの神話と現実について論ずることにしよう。

ベンチャービジネスというと、インターネットを基盤とする「ニューエコノミー」をささえるハイテク産業の担い手、という理解が一般的だろう。私たちの念頭にすぐ浮かぶのはネットスケープ、マイクロソフト、アマゾン・ドットコムなどであり、一群の「億ドル長者」たちである。これについてはおよそ次のように言われている。すなわち、ベンチャーは技術変化の激しさに対応して革新的なアイディアをもつ新しい企業形態であり、小回りのきかない大企業とは比べものにならない高収益をあげる。と同時に、あたかも石油を掘り当てる際のように大きなリスクを伴う。だからアメリカではベンチャーキャピタルが担保や保証なしに資金を提供しそれを支えるのだが、次々に生ずるイノベーションによってベンチャーキャピタルもまた高収益をあげることができる。ニューエコノミーを自動車に喩えれば、ベンチャー起業はエンジンであり、ベンチャーキャピタルは燃料である。(1) 一九九〇年以降のアメリカ経済の好調はこれによるものであり、日本はこうしたニューエコノミーへの転換に失敗したからこそ不況から脱却できないのだ、と。

かくして日本の大学では意欲的な学生を駆り集めてベンチャー講座が開設され、あちこちの自治体は研究機関を地元に誘致してシリコンバレーの再現に躍起になっている。

ところが古田氏によると、以上のように流布されたイメージは本場のアメリカにおいてさえ例外的ケースだという(2)。

たとえば一九九九年度における全米の起業件数は約三百五十万件だが、そのうちベンチャーキャピタルから資金援助を受けた企業はわずか四千八百件、つまり全体の〇・一四％にすぎなかった。まさにゴミみたいな数字である。ベンチャー起業の実際の規模は想像されている以上に地味なのである。起業家専門誌『インク』に掲載された百社に関する調査によると、八〇％以上が自己資金だけで設立されており、その創業資金もたかだか一万ドル（クルマ一台分）程度だった。そして大部分は銀行からの借り入れや留保利益を糧に成長していったのだから、なんのことはない、日本での事情とそう大きく違っている点はないのである。

では、これらのベンチャー起業における製品の新規性、革新性はどんなものなのか。『インク』百社の調査によると、五八％もの創業者たちが「既存の商品と同じか類似した商品を売り出した」と答え、三六％が「機能・価格・価値において既存商品と違う商品」、そしてわずか六％のみが「まったくの新商品で参入した」と答えた。『インク』五百社を対象にした別の調査でも、わずか一二％だけが「非常にユニークな商品」を持っていたと答え、残りの八八％は「ありきたりのアイディアを例外的に実行した」ことが成功要因だと答えている。

ではこの場合の「例外的」とはどういうことなのか。

要するにそれは、比較的金額が大きい特注サービスの分野で「先輩たちよりもはるかに熱心に顧客のことを考えて商売する」ことだという。何のことかおわかりだろうか。つまりアメリカ社会の荒廃を反映して対顧客サービス全般が劣悪化しており、したがってまともなサービスさえ提供できれば顧客が感動してなびいてくるのは当然、ということらしい。これは私の勝手な推測ではない。アメリカ滞在中にひどいサービスに泣かされる体験をたっぷりと満喫してきた、古田氏じしんがこう述べているのである。(3)

もちろんベンチャー起業が成功するには良いサービスだけで充分なわけではなかろう。走り出した当初の段階はともかく、事業が計画からはずれて予想外の壁がたちはだかることは大いにあり得る。実際、『インク』百社の三分の二が当初の事業計画を大なり小なり変更する事態に遭遇しているのだが、しかしその場合でも何か特別なアメリカ的特効薬があるわけではない。「高い問題理解力と学習能力、そして忍耐力だ」と古田氏はいう。ベンチャー起業というと何か型破りな発想が必須要件のように流布されているが、とんでもない誤解だということになる。根本は倦まずたゆまず努力する姿勢であり、またそれを持続させるチーム力なのであって、その点は洋の東西いずこも同じである。実際、アメリカでベンチャーキャピタルが創業者たちの事業計画書を審査する場合、まず最初に見るのは創業チームの経歴なのであって、計画の中身の検討はあとまわしにされるのが普通だという。このチームメンバーではやっていけそうにないと判断されてしまった計画書は、おそらく中身を検討されることもなくゴミ箱行きとなるわけだ。ベテランのベンチャーキャピタリストいわく、「起業成功には三つの要因がある。それは人、人、人だ」と。あるいは「A級のアイディアを持ったB級チームよりも、B級のアイディアを持ったA級チーム」と。

こうしてみてくると、「アメリカのベンチャーと日本の中小企業とではどこに違いがあるのか」との疑問が当然のように湧いてくる。全くそのとおりである。日本にも零細な町工場から大企業へと成長した企業は、山ほどとはいわないが、数多く存在する。特に製造業の分野ではそうである。唯一つ目立った相違があるとすれば、アメリカでは一九八〇年代に製造業が不況に陥り、急速に情報産業へとシフトするなかで一群の企業が急成長の場を見い出した、という点だけである。ただしここには、アメリカには失敗者だからといって白眼視するといった社会的雰囲気がないこと、有力大学と企業との提携が広くみられることなど、ベンチャー・ブームを支える背景があったことは事実だろう。

では、こうしたアメリカでのベンチャー起業ブームは今後もずっと続いていくのだろうか。

意外なことに古田氏は同書のなかで、「二十世紀後期に隆盛を極めた個人ベンチャーはすでにその役割を終えた」と断言する。(4) つまりこういうことだ。小規模なベンチャーは、一方では大胆な技術革新に乗り出しやすいという利点を持つが、他方で、技術革新にますます多大な費用がかかるようになっているため資金的に小規模であることじたいが壁になりつつある。また、いったんは立ち遅れをみせた既存の大企業の側も、新技術を本格的に導入することで立ち直り、弱小ベンチャーを駆逐するほどになった。

この結果、最近の大きな流れになりつつあるのは「社内ベンチャー」だという。つまり個人ベンチャーの起業家精神と大企業の組織力とが結合することにより両者が補完しあう、ということである。こうなると、ますます事実の輪郭がはっきり見えてくる。なんのことはない、長期的な視点からみればベンチャー起業とは、大企業での技術革新がもたつく隙間をぬってほんの二十年間ほどあばれまくったエピソード的現象にすぎなかったわけである。そして、この程度の話だったら、高度成長期の日本でもそれこそ山のようにあったことなのだ。ついでに付言しておくと、日本企業のなかで起業家精神が息づきそれが高度成長に結びついたのには、様々な試行錯誤を許容しうるような社内システム、とりわけ終身雇用が大きな役割をはたしたのである。

シリコンバレーの特異性

ここでシリコンバレーの神話と現実についても触れておかなければならない。シリコンバレーの成功物語は日本でも日常的に語られており、この文脈から、二十一世紀の企業は「ネットワーク型」でなければならないと主張されてきたからである。たとえば米倉誠一郎氏は、自動車に代表されるような多品種少量生産の組立機械工業にとっては日本のケイレツ・モデルが有効だが、新しい情報革命の時代においてはシリコンバレー・モデルが「かなりの普遍性をもった現象」であるとの理解を示している。[5] ではシリコンバレー・モデルなるものは、どれほど普遍性を持ったものなのか。

アナリー・サクセニアン『現代の二都物語』（講談社）は、アメリカ東部に位置するボストン周辺と、西部のシリコンバレーとを対比させながら、前者と後者が対照的な道を歩んできたことを綴ったドキュメントである。一九七〇年代までこの二つの地域はともに先端産業によって脚光を浴びながらも、八〇年代後半になって、ＭＩＴ（マサチューセッツ工科大学）およびハーバード大学を擁し一二八号線でつながれたボストン一帯は地盤沈下を起こしたのにたいし、新興地域であるシリコンバレーが飛躍的な成長をとげたのだったが、その理由は何か。

まず結論からいってしまうと、シリコンバレーは伝統的な政治・経済の中心地から遠く隔たっていたことが逆に有利にはたらいて、ここに人工的ともいうべきコミュニティが形成され、様々な公式・非公式なコミュニケーションのネットワークがつくりだされた。こうした地域文化こそがシリコンバレーの成功をもたらした背景だった、とサクセニアンは強調する。

たとえばこの地域にはスタンフォード大学があるが、同大学はＭＩＴやハーバードと異なって政府・大手企業とのつながりが薄く、むしろ地域産業との関係を重視する方向にむかった。特にＦ・ターマン教授はスタンフォードの周囲に「技術者と研究者のコミュニティ」を築くことに専念し、工業団地を開いて企業を誘致した。またショックレー半導体研究所から分かれた研究者たちが新たにフェアチャイルド・セミコンダクタ社を設立したのだが、同社はまたたく間に大手企業に成長したばかりか、さらに数多くの企業が同社から独立していった。要するに、シリコンバレーの人脈を遡れば必ずといっていいくらいスタンフォードかフェアチャイルドに行き着く、というわけである。こうなると企業どおしの会合といった公式の場はもちろん、レストランやバーさえ親密な情報交換の場となり、さらにハッカーたちも含めて様々なクラブが誕生することになったのも不思議ではない。

このようにシリコンバレーは人的結合を軸にして計画的につくりあげられたいわばハイテク・

コミュニティであり、もっと単純化していえばシリコンバレーじたいが単一の企業体なのである。だからこそ転職率が並外れて高くなるのだ。シリコンバレーでの平均在職期間はせいぜい二年といわれるが、転職したところでそれまでの人間関係が切れてしまうわけではないから悩みぬく必要もない。転職は、たかだか部署を移動する程度の意味しかないわけである。

逆にいえば、このようなシリコンバレーの特徴はアメリカ国内でも例外的なものと考えるべきであろう。相対的に地盤沈下したといわれる東部地域のように、過去からの伝統に制約されつつそこに新たな要素を付け加えていくことの方が、自然であり一般的でもあるからである。となると、シリコンバレー・モデルなるものを普遍化しそれを日本に形だけ移植しようという試みが、いかに無内容かつ無謀なものであるかは自ずと明らかだろう。「無謀」とまで言わざるを得ないのは、それがほぼ失敗に終わるからというだけではない。日本の山々が広葉樹林から杉の木による植林になったとたん自然災害が増加したのと同じで、ハイテク産業が純粋培養された地域というのは景気の浮沈の波をまともに受けざるをえず、万が一イノベーションの方向が変わったりすればその地域は丸ごと廃虚になる以外にないからである。

日本の自動車産業におけるネットワーク・システム

ここで一つ大事なことを指摘しておこうと思う。

日本の経営学の世界では、シリコンバレーをモデルにして日本企業は「ネットワーク型」に変革されなければならぬとする議論が目立つのだが、そこにはどれほどの新味や革新性があるのだろうか。逆にこのような議論は、そもそも日本の実情についての誤った認識にもとづいてなされているのではなかろうか。

実は、サクセニアンの同書をきちんと読めば、ほかならぬ日本企業こそネットワーク型の組織によって成功してきたのだという主旨のことが、控えめではあるが数カ所で指摘されているのである。[6]しかもこれを指摘したのは彼女だけではない。八〇年代に自動車産業が窮地に陥ったアメリカでは日本の自動車産業についての研究が精力的に行なわれたのだが、一連の研究をつうじて注目が集まったのは日本企業の内外に張り巡らされたネットワークであった。八九年のＭＩＴ産業生産性委員会報告には次のことが述べられている。[7]

①日本の自動車産業の注目すべき特徴は、チームによるアプローチが、製品開発においても日常の生産過程においてもうまく機能している

②こうしたチームによるアプローチは、主要自動車メーカーの内部組織だけでなく、企業の境界を越えて、各自動車メーカーとそのサプライヤーとの間にも発展してきている。

③日本の主要自動車メーカーがサプライヤーとの間に発展させた関係は、ＧＭが発展させた垂直統合的な組織と比べても、クライスラーが依拠してきた「外部のサプライヤーからの互いに距離を置いた関係を通じての購買」と比べても、より優れたパフォーマンスを発揮してきた――と。

またもや、なんのことはない、である。ネットワーク型はわざわざシリコンバレーまで行かなくとも、私たちの足許にちゃんとあった。そして日本のネットワーク型組織はアメリカに上陸し

てその威力を発揮した、というのが歴史上の事実だったのである。たとえば、トヨタがＧＭのフリーモント工場を再生してつくりあげたＮＵＭＭＩでは、旧工場時代に比べて生産性が実質――わざわざ「実質」と断わるのは製品の種類や工程の構造が違うので単純比較ができず、数値の調整が必要だからだが――五〇％近く上昇したことはよく知られている。

ではなぜこんな自明なことが今までの日本で見逃されてきたのか。

理由ははっきりしている。これまでマルクス主義的理解のもとで、大企業と中小企業の関係は「二重構造」としてとらえられ、さらに自動車産業における部品企業についても、もっぱら親企業に従属し支配・搾取されるだけの存在とみられてきた。いわば部品企業は自動車メーカーからたえず買い叩かれ、かといって離れるに離れられず、結局は景気の安全弁（バッファー）として使われてきたにすぎない、というわけである[8]。

このような認識は一〇〇％誤りだとはいわないが[9]、しかし大枠として間違っている。部品企業は自動車メーカーから一方的に支配される関係にあるのではなく、両者は相互に依存しあう関係にある。少し詳しく述べよう。

たとえば、継続的に製品を納入する関係にあった貸与図方式（後述）の部品企業が、もし倒産するようなことになれば、自動車メーカー内では「それは購買担当者の責任だ」ということになる。従ってなんらかの理由で部品企業の操業度が落ちそうになった場合、自動車メーカーは仕事の一部をまわして操業度を下支えすることすら決して珍しくない[10]。

また部品企業が零細な場合、金型や専用設備を備える場合には、そのリスクや資金は買い手側のメーカーが負担する。これには二つの方法があって、第一に部品企業に自ら金型を設計し製作できる能力はあってもその資金が不足する場合、メーカー側が費用を一括して支払い、自分名義の資産とした上でそれを部品企業に貸与する、という形式を踏む。第二に部品企業が金型の製作・資金の両面で困るような場合には、部品単価に費用を上乗せして徐々に回収していくか、あるいはメーカーが自己負担で製作した金型を貸与してもらう。いずれにせよ、このようにして部品企業は多大な出費をメーカー側に負担してもらうわけで、いわゆる「下請けバッファー説」とは正反対である。(11)

そして何よりも、技術者たちは設計図の作成の段階から互いに密接にコンタクトを保つのであって、メーカー側が一方的に君臨するわけではない。むしろ逆である。

実は設計図の作成には二つの方式がある。まず、メーカー側が作成した設計図を部品企業に貸与し、これに従って部品を製造させる方式(貸与図方式)。もう一つは、部品企業がメーカー側の示す製品コンセプトや仕様を聞いて自分で設計図を作成し、メーカーに「ではそれでやって下さい」と承認してもらう方式(承認図方式)であり、第一次下請けに属する部品企業ではこれが主流となっている。(12)容易に想像しうることだが、承認図方式をとる部品企業には優秀な技術の蓄積があって、時には完成車メーカーにとってさえ技術のブラックボックスになる可能性が生まれる。「ひょっとするとメーカーにもわからぬ技術があって部品企業が不当に利益をあげているのではないか」という疑いさえ生じかねないわけであり、こうなるとメーカーもうかうかしてはいられない。だからこそメーカーとしても自社内部の技術革新への努力は不可欠であり、部品企業を含めた技術者たちとの交流が重要となるのである。

となると部品価格の引き下げについても、「メーカー搾取説」とは違った見方、いや全く逆の見方が必要になる。実は、価格引き下げに応ずる際の部品企業の考えはこうである。ちょうど株主には配当を払い、従業員にはボーナスを払うのと同様に、自助努力によって蓄積した余剰金の一部を価格引き下げの形で「払い戻す」のだ、と。[13] なぜこんな発想が可能になるのかといえば、部品製造の過程における学習効果、工程の不断の改善によって部品企業は余剰金を実際に生み出しているからである。

部品企業の力量おそるべし、というほかはない。だからこそ、大手自動車メーカーを相手にネットワークを組む主体たりえているのである。競争と協調をシステム化したもの、これが日本のネットワーク型だといっていい。

ひとつ付言しておけば、海外での現地生産が進展しても、こうしたネットワーク型が今後それほど大きく変貌するとは考えられない。まして「IT革命」により部品売買がインターネット上でおおっぴらに行なわれるようになって従来の系列関係が崩壊する、などといった話はほとんど空想に近い。たとえばトヨタの場合でいえば、一般的な入札よりも特定の部品企業からの購入の「継続」の方が好ましい、という点では一貫している。コストダウン、品質向上、適正な納期のためには、取り引きを継続させる方が確実だからである。「ボルトやナットのような汎用品がせいぜいで、まともな部品をネット上で調達することはとてもできない。言ってみれば、どうでもいいモノがインターネットで売買される」、これが実情なのである。[14]

以上、日本の自動車産業を中心に、メーカー（組立企業）とサプライヤー（部品企業）との関係をみてきた。たしかに両者の間には資本力の差、力関係の差があるのは事実だろう。だが、かといって両者の関係が一方的な支配・服従関係にあるとみるのは事実に反する。そこには競争の側面、継続性を持った共存の関係がはっきりみられ、企業相互のネットワーク関係がみられるからである。アメリカにおけるベンチャーやネットワークに目を見張るのはその人の自由だが、その前に、ほかならぬ日本の企業がこれまでに何を達成してきたのかをまず確認しておくことが大事であろう。

〔注〕

1　マイケル・J・マンデルはいわゆるニューエコノミーについて、そこでは「テクノロジーはエンジンであり、金融は燃料であった」と表現している（『インターネット不況』東洋経済新報社、二六ページ）。ただし同書は、ニューエコノミーの弱点を鋭く説いている反面、あたかもイノベーションだけが救済策であるかのような恐ろしく単純な図式に終始している。

2　古田龍助『ベンチャー起業の神話と現実』（文眞堂、二〇〇二年四月）。アメリカにおけるベンチャー起業の実態については同書四三～六九ページが詳しい。

3　古田、前掲書五二ページ。

4　古田、前掲書二二九ページ。

5　米倉誠一郎『経営革命の構造』（岩波書店、一九九九年十一月）二四九ページ。

6　アナリー・サクセニアン『現代の二都物語』（講談社、一九九五年一月）二五ページ、あるいは一六一～一六三ページ。

7　浅沼萬里『日本の企業組織　革新的適応のメカニズム』（東洋経済新報社、一九九七年六月）一四八～一四九ページ。

8　このような認識は海外にも行き渡っているらしい。たとえばK・ウォルフレンは大企業について「太陽系の中心に鎮座する太陽さながら」と表現し、「中小企業は不況時にはつぶれるにまかされ、大企業のクッションの役目を果たす」と述べている（『人間を幸福にしない日本という システム』毎日新聞社、四六ページ）。あるいは本文でも紹介したP・キャペリは、「（日本の）下請け企業はいってみれば大企業の捕虜のようなもの」との認識を示している（『雇用の未来』二二二ページ）。

9　一九九九年春に日産・最高執行責任者に就任したカルロス・ゴーン氏によれば、「多くのサプライヤーは、これまで繰り返し日産に提案や要求をしたが、日産は何もしてくれなかったと訴えた」と述べている（『ルネッサンス』ダイヤモンド社、二〇〇一年十月、一八八ページ）。これは、メーカー側が部品企業にたいしほとんど耳を貸すことをしなかった事例である。

私が七〇年代後半に日産の労使関係調査を行なっていた時、同社生産課に在職したことのある大卒社員から次のような話を聞いた。「自分でもどうしてあれほどメーカー意識が出てくるのかと思うくらい、部品会社にたいして遠慮会釈なく無理な要求を出していたように思う。それが従来からの会社の普通のことだった。『部品会社はいつもメーカーにいじめられているんだから』ということで手加減していると、こちらがお手上げになってしまう。よく電話で声を荒だててやりあったことがある」と。

このように日産では部品企業との協力関係が必ずしも充分だったとはいえないが、その結果、部品の価格、品質の点で問題が生じて高コスト体質の原因になった。なお部品企業をとりまく状況については、清水一行『系列』（日文文庫）に面白く描かれている。

10　浅沼萬里、前掲書一八九ページ。
11　右の註10と同じ。
12　この貸与図および承認図の二つの方式については、浅沼萬里の前掲書のほか、藤本隆宏『生産システムの進化論』（有斐閣、一九九七年八月）、藤本隆宏・西口敏宏・伊藤秀史編『リーディングス　サプライヤー・システム』（有斐閣、一九九八年一月）などに詳しい。
13　浅沼萬里、前掲書二五二ページ。
14　中沢孝夫・赤池学『トヨタを知るということ』（講談社、二〇〇〇年四月）三八ページ。柳沢賢一郎・東谷暁『ＩＴ革命？　そんなものはない』（洋泉社、二〇〇〇年十二月）二一〇ページ。

第三章　日本型経営の特質

日本型経営の定義

一般に日本型経営の特徴は、終身雇用という雇用形態、および年功制という賃金形態にあるといわれている。このことはすでに常識といっていい。

とはいえ、この常識すら承服しない論者もいないわけではない。島田晴雄氏は、外国のメディアからくりかえし「日本の雇用制度は変わるのか」「日本企業の終身雇用制度はなくなるのか」という質問を受けたことにたいし、「日本には厳密な意味での終身雇用はそもそも存在しないのだ」と答えるようにしているそうだ。その理由は、「日本の企業には終身雇用契約はないし、また法律上も正当な理由があれば解雇は比較的自由にできるようになっているから、少なくとも制度としては終身雇用制があるとはいえない」という[1]。

常識を欠いた議論の典型というべきだろう。契約や法律に明文化されていなければその制度は確固たる基盤をもたぬというのであれば、たとえば日本の憲法には「ウソをついてはいけない」という一般的条文は存在せず、しかも世間には「嘘は方便」という言い回しさえあるくらいだから、「少なくとも日本人は正直だとはいえない」ということになってしまう。契約や法律で定められていれば制度として安心だというのは余りにも一面的な発想でしかない。事実はまったく逆だ。日本では終身雇用は、わざわざ契約や法律として明文化する必要がないくらい慣行化し定着してきたのである。いいかえれば雇う側も雇われる側も、よほどの事情が起きないかぎり定年まで勤めあげることを暗黙の前提にしている、というのが現実であろう。だからこそ昨今の「リストラ（再構築）」が突然の中途解雇を意味する用語として、「日本型経営の終焉」と抱き合わせに世上を騒がせているのである。島田氏は日本企業にあっては解雇は「比較的自由」だと述べているが、きちんと比較しさえすれば欧米企業の方がはるかに自由に労働者を解雇していることは、これまた常識のはずである。たしかに日本でも特に不況期に解雇はみられたが、その場合でも、労使交渉を踏まえつつ配置転換、希望退職募集などの中間段階を踏むというのが経営者としての基本的マナーであった。いずれにせよ島田氏の主張は、つまるところ木を見て森を見ない類いの議論といっていい。

ここで議論を一歩すすめるために、本書における日本型経営の定義について述べておこう。

実は、もともと日本型経営についての定義はあってなきがごとしであった。それは日本の企業経営にまつわる全ての側面――たとえば終身雇用という雇用慣行、年功制という賃金システム、企業別組合といった労使関係、経営理念、組織原理、「下請け」と称される企業間関係、等々を指しているのだが、これらの諸側面が「日本的」ないし「日本型」と強く認識されるのは、諸外国と比較されて論じられる場合である。当然ながら、どの側面がクローズアップされるかという問題は、何のテーマをめぐって比較するのか、どの国と比較するのかによって異なってくる。しかもここに、それぞれの論者たちの問題意識が加わる。たとえば日本企業の「前近代的」性格にこだわる論者はおそらく欧米諸国を比較の対象に選び、雇用・賃金のシステムの在り方を中心に論ずるだろう。労働問題に関心をいだく論者たちは主に労働組合の形態（たとえば企業別組合と産業別組合）の相違に着目するはずである。あるいは経営者のリーダーシップに関心を持つ論者なら、韓国の財閥企業に注目して組織原理の在り方を論ずるかもしれない。いずれにせよ、時代の流れのなかで次から次へと浮かび上がったテーマに応じて、日本型経営と総称される議論が展開されてきたわけである。

だから、あらためて日本型経営の定義を求めようとすれば、「日本企業の経営の在り方」といったトートロジー（同義反復）にならざるをえない。本書ではこの無意味を避けるために、今日という時代にあわせてテーマを限定したいと思う。具体的にいえば、日本型経営の根幹には終身雇用があり、これが日本の企業組織の共同性をささえている。いま私がこだわりたいのはこの側面である。前章でもみたとおり、グローバル化という市場原理は共同性と対極に位置しており、日本企業が揺さぶりをかけられているのはこの共同性にほかならないからである。そして職場生活の場から共同性が奪われることになれば、日本社会全体の共同性もまた大きく影響をうけざるをえないことは、すでに述べたとおりである。

共同性は、必ずしも日本企業の専売特許というわけではないが、日本の長い歴史のなかで育まれてきたいちじるしい特性といっていい。と同時にそれは旧態依然たる「前近代性」とやらの名残りでもない。事実それは戦後高度成長期にあっては市場競争の世界を生きぬく有力な武器でさえあった。となると日本型経営の実相にせまるには、日本企業が重視してきた人間関係を軸とする共同体的性格、およびこれとは本質的に矛盾する市場原理、この両者がどのように組み合わされ、いかなる葛藤を経験してきたかをみていくことこそが基本テーマになるはずである。まずはそれを日本の歴史の流れにそって俯瞰してみよう。

日本型経営の系譜

江戸期商家の組織原理

日本型経営の原型は江戸期の商家にまで遡ることができる。当時の商家においては、丁稚から始まり手代をへて番頭にいたる職分の階梯は基本的に終身雇用の世界であった。よく知られたことではあるが簡単に説明しておきたい。ただし、細かい点についてはそれぞれの商家によって多少の違いがある。

まず丁稚はあれこれの雑用をこなす無給の見習い奉公人であるが、たんに上からこき使われていたわけではない。読み書き算盤や帳簿付けのほかに、当時の商人倫理たる石門心学を学ぶなど将来に向けて準備することも大事な仕事だった(2)。丁稚が元服（十七〜十八歳頃といわれる）すると、有給の社員たる手代となる。相撲の世界でいえばここでようやく関取ということになろう。そして手代を十五年程度務めて最終的に番頭に昇進する。番頭は経営にも参画できる幹部社員にほかならないが、やや驚くべき話だが番頭になってようやく妻帯が認められ、自宅通勤も可能となった。三十歳はとうに過ぎているはずだから、当時の平均寿命から考えるとかなりの晩婚である。

ことの善し悪しは別にして、江戸の遊廓が栄えたのにはそうした背景もあったのだろう。

ところで、このような商家の共同体の外側にいたのが下男・下女の家事使用人たちであり、今日でいえばパートタイマーやアルバイトといったところだろう。特に大半の女性は商家共同体の外側に置かれたから、江戸の男女比はアンバランスとなってこれが男子の結婚難にさらに追い撃ちをかけたという。

以上のような江戸期の商家は、当時の西欧と比べて格段に安定的かつ永続的な経済秩序をもたらした。J・ヒルシュマイヤーの指摘[3]によると、たとえばロンドンの商家の名前は繰り返し入れ替わっており、所有者の変転の跡がうかがわれるという。それにたいし日本の商家では、主人は伝統的な姓名(たとえば三井家では三井八郎右衛門、鴻池家では鴻池善右衛門)を襲名し、家法にしたがって家を存続させ繁栄させるためにあらゆる努力を注いだ。それは、商家にとって同族の永続的繁栄こそが至上の経営理念だったからである。この点は当時の武家や農家も同じであったが、商業世界に身をおく商家となるとそれほど単純な話ではなくなる。それは、商業世界には次のような特殊な事情があったからだ。商業が遠隔地どおしをつなぎ、本店を中心に全国的な支店網がはりめぐらされる。さらに本家と分家との関係も調整されなければならない。したがって商家が同族繁栄をとげるには、ただ外延的に拡大するだけではかえって混乱を深めるだけであり、そのため組織と制度を意識的につくりあげることが必要であった。

たとえば一般に財産は同族の共同所有であったが、しかし個々の所有者が自分の持ち分の分割を主張することはできなかった。これを「総有」という。三井家の場合これをさらに機構化して大元方《おおもとかた》という機関をつくり、営業財産をその総有とした。大元方とは、同族の出資者による重役会と理解してよかろう。したがって他の奉公人たちは総有からはずされているわけであるが、これは必ずしも奉公人を経営体から疎外したことを意味しない。むしろ所有者と奉公人の責任の区分を明確にし、所有者たる同族の経営上の自覚を高めるための措置だとみるべきである(4)。

ここで大事なのは、商家の主人といえども、その経営理念を明文化した家法ないし家訓によって縛られており、必ずしも絶対的な権限を手にしていたわけではないという点である。たしかに主人と奉公人とは主従の関係にあったが、家業を後世に残すという点では両者はいわば同志の関係でもあった。

例をあげよう。三井家で享保七年（一七二二）につくられた家則には、奉公人の最高の役職である元締の役割についておよそ次のことが述べられている。すなわち、「元締は家業を守る第一の役職である。主人に至らぬ点があれば諫めを入れ、奉公人に非があれば意見をし、こうして上下相協力して家内が治まるよう心掛けることが大事である。主人たるものもなおいっそうのこと元締には気を使い、指示が下に届くようにするのは当然である。元締が主人の指示を下に伝える際、言葉を慎重に選んで頼むようにすれば、おのずから下の者はこれに従うものである」と。元締は今日の企業における上級管理職といっていいが、主人を諫めることもその役割のひとつだったことは注目していい。

いうまでもないが、組織は各々の成員が自分の職分をはたすのでなければ機能しない。いいかえれば組織の健康を維持するためには各自の能力の不断のチェックが必要となる。この点でも当時の商家は細心の注意を怠ってはいない。呉服類をあつかっていた近江商人・外村宗兵衛家の家訓には、「たとえ主人が無能であっても奉公人はその指示に従うべきであり、自分の考えがあれば申し出るように」と奉公人たちに短気を戒める一方、「年輩の者でも不法な行為があった場合は再三注意し、聞き入れない時には辞めさせよ」と書かれてある。[5] それればかりではない。主人といえども、その職分をはたさなければ家業からの追放の憂き目をみる場合さえあった。京都の法衣商・千切家の家訓は、主人の身持ちが悪い場合には「手代共申し合せ異見を加え申すべく候」とまず述べたあと、それでも不品行が直らなければ「隠居致させ、名跡（のちに継ぐべき家名）見立て、家督譲り替え申すべく候」とまで明記されている。[6] こうした強制的隠居は「押込め」という形で武家社会にもみられたが、今日の企業倫理と比べてもはるかに厳格だったといえよう。

以上ではっきりしたと思うが、商家におけるイエ共同体は決して自生的な血縁集団というわけではなかった。共同体である一方、市場経済の拡大とともに競争に勝つことが家業存続にとって死活問題となる。つまりイエ内部においても共同性と機能性・効率性とが組み合わされなければならず、いわば擬制の血縁集団という形でその目的を達成する以外にない。たとえば、家業を引き継ぐべき長男が不適格だった場合、血縁にこだわることなく婿養子を迎えることはごく普通に行なわれた。また、主人が経営者としての任に堪えられぬとわかれば押込めも可能だったことはすでに触れた。

また今日では配置転換や地方への長期赴任は決して珍しくはないが、すでに江戸期でもこれと似たシステムは存在し、それが使用人の選別・淘汰の機構として機能した。たとえば近江商人の場合、「在所登り制度」と称するものがあって、全国各地の支店に勤務する店員たちは数年ごとに本家のある近江に登って勤務評定を受け、これを自らの刺激として成長し昇進していく店員もいれば、逆に脱落していく店員もいた。事実、ある近江商家の具体例をみると、勤続年数の判明する百七十六人のうち、約半数が五年未満に中途退職しており、二十年以上の勤続者はわずか七％にすぎない(7)。

山本七平氏は、日本の企業は共同性を保持することによって機能性も発揮できる、と要約的に述べているが（『日本資本主義の精神』）、当をえた言い方だといえよう。要するにそれぞれの商家は結束力の高いチームを形づくっていたわけである。さきの勤続年数の結果をみて「これでは終身雇用とはいえない」と考えるのは早計であろう。少なくとも丁稚以上の奉公人に関するかぎり、あらかじめ雇用期間を限定されることはなく、番頭にまで昇りつめることを主人から期待されていたし、本人もそれを目標に努力したからである。それはちょうど、今日のいかなる企業においても、その能力を維持し高めていくために不断に技能や指導力の評価を行ない、途中で辞めていく従業員もあれば逆に昇進していく従業員もあるのと同じことである。

日本型経営の成立

明治の近代化の過程で重化学工業が登場するが、以上に述べた日本型経営の特徴は基本的に変わってはいない。産業の中枢に位置する企業では、よりシステマテイックに企業共同体をつくりあげていく。そして明治・大正期には労働運動があらたに台頭してくるのだが、これもまた企業共同体をつくりあげていく流れと無関係ではなかった。つまり労働運動は、社会主義の影響を受けた運動を傍流としつつ、むしろその本流は企業共同体のなかに同化していくことを意識的・無意識的に追い求めたのだったからだ。以下、この点をくわしくみていこう。

(1) 明治期と近代化

明治の「開国」が日本近代史にとって未曾有の激震だったことは、あらためていうまでもない。没落したのは士族だけではなかった。全国の名だたる商家が次々に破綻した。今流にいえば、日本は政治・外交の分野から一般の庶民生活にいたるまで巨大な「グローバル化」の波に洗いつくされたといっても過言ではない[8]。問題は、これによって過去の慣行や伝統が完全に払拭され、時代の流れが切断されてしまったのかどうかということである。

J・ヒルシュマイヤーはこのことについて端的に次のように述べる。「明治期の日本の近代化は、日本在来の思想や価値観の全面的な否定を必要とせず、部分的にはそれらを強化し、近代化の目標に役立たせたようにみえる」と。もっと具体的にいうとこうだ。「明治時代の変化は、各人が将来を、すなわち自分の属する集団を自由に選択できるようになったこと、そして能力と機会に恵まれれば、だれもが出世するようになったことである。だがそれは、ばらばらな個人としてではなく、藩閥・郷党・学校・家など、なんらかの水平的な集団ないし縁故とのかかわりにおいてであった。この面は、海外の留学生が、全員帰国した事情にも通ずる[9]」。

これを裏づけるように、明治に誕生した近代的企業のほとんどはその社内システムを江戸期の商家から引き継いだのであった。事務職員（ホワイトカラー）は従来どおり「手代」と呼ばれ、雇用と昇進もほとんど江戸期のものと変わらなかった。さらに驚くべきことに、たとえば三井家の家憲は明治三十三年に新しく制定されたが、その基本理念は享保期の家則をほぼそのまま踏襲したものとなっている。そこでは同族の権限とともに種々の厳しい制約が明記され、重要案件がもちあがった場合には家長は必ず総理事および理事たちと協議しなければならず、家長が家産を直接左右することも許されなかった。こうして江戸期商家型システムは、「開国」の激震によって瓦解し消滅したのではなく、近代化の装いのもとで復活したといっていい。

しかしその反面、かつてみられなかった新たな問題も生まれた。「殖産興業」「富国強兵」の掛け声とともに登場した造船、鉄道、鉱業、兵器廠などの重工業部門は、それじたいとして設備と人員の大規模化が必要となり、ここにいわゆる「職工問題」が登場することになる。そしてこの職工問題はただちに労働組合運動と重複しあいながら明治・大正期の社会問題へと発展した。こうした側面は主として重工業における男子職工の世界で生じたが、繊維産業での「女工」問題も同様に忘れることはできない（補論参照）。

では職工問題と労働運動は当時の日本社会にいかなる課題をつきつけ、どのような解決を求めていたのか、それを次にみていくことにしよう。

（2）職工問題の登場

もともと日本の労働組合はどのような理念を掲げてつくられたのか。もちろん、職工の社会的地位を引き上げることが基本理念である。しかし組合の課題をもっと子細にみると、実に興味ある現実が浮かび上がってくる。そこでまず、大正元年、鈴木文治によって設立された「友愛会」の綱領をみてみよう。ここにはこう述べられている。

一、われらは互いに親睦し、一致協力して、相愛扶助の目的を貫徹せんことを期す
一、われらは公共の理想にしたがい、識見の開発、徳性の涵養、技術の進歩をはからんことを期す
一、われらは協同の力により、着実なる方法をもって、われらの地位の改善をはからんことを期す

おどろくほど穏健な中身である。会員たちが具体的に求められたのは、「識見の開発」「徳性の涵養」「技術の進歩」であって、ここにはなんら闘争的な要素はみられない。たしかに第一次大戦後、友愛会は労働組合としての体裁をととのえ運動の高揚のなかに身を投ずるのであるが、しかしその底流の理念そのものはほとんど変わってはいない。つまり会員どおしの「相互扶助」と各自の「修養」こそが友愛会の理念の核心でありつづけた。これには理由がある。

明治・大正期の大企業には、経営管理職の層、事務職・技術職の層、そして職工というおよそ三つの階層があったが、特に前二者と職工との間には身分的格差ともいうべきほどの溝があり、賃金体系や労働条件はもちろんのこと、服装、使用する食堂や便所、工場への入退門なども別々

になっていた。しかも職工たちは社会的にも「落伍者」とみられ、軽蔑されることが多かった。実際、当時の父親が息子にむかって「そんなに不勉強だと職工にするぞ」と脅した、というエピソードがあるくらいである。

当時の文献をみると、職工たちはたしかに一面では社会からの差別にたいして憤っているのだが、同時に他面では、「自分たちの現実をみれば差別もやむをえないのではないか」と感じていたことがわかる。ここには、イギリスの伝統的労働者のように、代々引き継がれてきた自分の職業にたいする矜恃は見受けられない。友愛会の方針にもたしかにイギリス労働組合のような同職組合を目指すことが謳われているのだが、その比重は圧倒的に労働者じしんの自覚・修養に置かれているのである。

たとえば大正期にこんな手記がある（少し読みやすくして要点のみを紹介する）。

「隣近所では、労働者は卑しい連中だから遊びに行っては駄目だと子供に教えているらしい。悔しさが骨にまで滲み込む思いである。ところがある日、二人の青年が泥酔して電車に乗り込み、傍若無人に大声で騒いでいた。よくよく見ると労働者だ。私はがっかりした。電車を降りてしばらく行ったら、こんどは四十歳前後の男がまたまた泥酔して所狭しと闊歩し、通りすがりの人たちをからかっているではないか。これもまた我が労働社会の人間だということがわかり、再び落胆して帰宅した。ああ、この醜態は何ごとなのか。我が鈴木会長が、我々の地位の改善のため尽力して下さっていることにたいし、我らは大いに奮起しなければいけないはずなのだ。ところが私たちの社会はこんな有り様である。これを思うと、落ちる涙は雨あられの如しである……」。[10]

これを書いた労働者は、本当の問題がむしろ自分たちの側にある、ということを思い知らされたわけだ。当時人口に膾炙された「立身出世」も、こうした背景を考えてこそ積極的意味を持つようになる。それは必ずしも、他人を押しのけてでも自分だけ昇り詰めたいというようなエゴイズムの表明がすべてというわけではない。むろんそうしたエゴイズムは広くみられた。だがそれは事態の表層にすぎず、もっとポジティブな内心からの欲求の表明でもあった。つまり変革さるべきは労働者じしんのモラルであり、経営者にたいして権利を主張するのであれば自覚と修養を通じて自らの道徳をまず正すべきだ、とする強い道徳的向上心と裏腹の欲求のあらわれでもあったのである。

だが第一次大戦後の労働運動の高揚のなかでこの道徳的テーマは後景に追いやられ、運動の表面はにわかに流入した外来思想に覆われる。それは、「朝にはマルクスを迎え、夕べにはソレルとクロポトキンを送り、翻訳仕込みの社会主義論に口角泡を飛ばす」[11]体のものであったが、いっときの興奮剤とはなりえても、これが労働者たちの根深い心情を根本から解決するものでなかったことはいうまでもない。内務省警保局の調べでは、一九二一年の労働争議の参加人員は六万人を超えるほどにさえなったが、高揚の波は一挙に退き、労働者不在の荒地の上では組合運動の方向をめぐる内部論争と憎悪むき出しの確執だけが残された。こうして職工たちは、企業と社会から疎外されたうえ、いちどは希望を託したはずの組合運動からも疎外された。
では、労働者の本流はどこに向かったのか。

(3) 職工問題の日本的特徴

大事なことだが、当時の職工問題を憂慮し、それだけに友愛会に期待を寄せたのは、反体制側の人間だけではなかった。労働問題としてそれがもっぱら反体制のテーマになったのは、ひとえにロシア革命のインパクトによるものである。職工問題の解決が日本の企業を確立していくうえで重要な課題だとの認識は、むしろ当時のエリート層に共通のものだったといっていい。

そもそも友愛会設立者の鈴木文治じしん出自はインテリで、東京帝国大学法学部を出て東京朝日新聞の社会部記者を務め、のちにクリスチャンになって教会の仕事を手伝うなかで労働問題にかかわり始めたという経歴を持つ。だから友愛会設立には大学時代の知人の多くが協力している。さらに外務省参事官・徳川家正、日本興業銀行総裁・添田寿一、法学博士・高野岩三郎、そして財界の大御所たる渋沢栄一など、多才な人物が友愛会の有力な援助者となった。

これら日本のエリートたちは職工問題をどんな角度からみていたのだろうか。これを、友愛会とほぼ同じ時期に「工業教育会」での活動を通じて経営者に多大な影響を与えた宇野利右衛門(一八七五~一九三四)について、間宏の研究[12]によりつつみてみよう。

宇野の基本姿勢は積極的に職工を優遇することにあるが、彼の着眼の優れた点は、「ハイカラな翻訳もの」の視点を排し「日本には日本の特殊な職工問題がある」とする見方を崩さなかったことにある。そして宇野によれば、日本の男子職工には次の五つの特殊性があった。

一、出稼ぎ者の多いこと。
二、勤続期間の短いこと。
三、劣等者の多いこと。
四、一家をなす者が少ないこと。
五、自分の職業を賤しみ恥じていること。

その結果、次のような四つの弊害が生じているとした。

一、技術上の熟練が不足していること。
二、管理するのが困難であること。
三、品性上の障害があること。
四、健康上の障害があること。

実に興味あることとだが、宇野は上記五つの特殊性が必ずしも弊害ばかりもたらすものではないことを指摘している。それは、「正直淳朴なる者」が多いので労働紛争が起きにくい、という積極的な側面である。宇野がこれを述べたのが第一次大戦中のことだから、のちの諸争議の勃発についてはまだ知らない。結果的に彼の予測ははずれたことになって後にその主張は批判されるのであるが、しかし彼はいっこうに動じない。宇野の反論の要点はこうである。

大正期の労働争議を観察すると、いずれも参加人員、スト日数など規模からいって欧米諸国とは比べ物にならぬくらい小さい。結末の多くは双方の譲りあいに終わっており竜頭蛇尾の感さえある。争議の原因をみても依然として「感情問題」にあって、本当の生活上の必要性から賃金増額や労働条件改善を求めたものはきわめて稀であった。欧米諸国の場合は職工の団体と資本主の団体との間におけるいわゆる「階級的の闘争」であるが、日本のケースはすべて「一会社一工場の職工が工場主にたいして自己の主張を強要するために行なう示威運動」に過ぎない、と。

したがって宇野にとってこの種の争議は職工の（プロレタリア的）自覚の第一歩などではなくて、あくまで「病的の発作」であった。ただしこの発作は職工にとどまらず第一次大戦後の日本社会全体に蔓延した現象だった。即ち、一にもカネ二にもカネ、カネ儲けにあらざれば事業にあらずという「成金的思想」、がそれにほかならない。戦争の影響によって種々な成金が雨後の筍のように続出し、一代にして栄華をきわめるといった雛形が無遠慮に国民の前に提示され、職工たちもその勢いに乗って軽挙妄動することになったのだ。

宇野は以上の見解を、様々な分析をつうじて述べている。これにはまた、いくつかの反論も可能であろう。しかし当時の時代背景の重要な側面を伝えていることは否定しえない。

（4）大正期労働運動と賀川豊彦

Ｅ・ホッファーは、多くの大衆運動の宿命についてこう述べている。

「昨日は外部の敵との食うか食われるかの闘争に排け口を見出した熱情は、今日は猛烈な論争と分派闘争とにその排け口を見出す。憎悪が習慣となる。破壊すべき外部の敵がいなくなると、狂信者たちは互いに相手を敵に仕立てる[13]」。

これを読んで、私たちはヒトラーのナチズムやスターリン下のソ連を思い起こすことができるが、そのミニ版は、政治的立場の如何を問わず日本の歴史にも綿々と存在する。大衆運動が高揚すればするほど、そのうねりのなかで、過激な直接行動を主張するグループが登場し主導権を握る。こうなると、先陣争いに勝ちぬくことだけがすべてとなる。状況の変化に合わせて運動を後退させるような動きをしようものなら、たちまち弾き出されてしまう。ホッファーはそのことにも触れていて、大衆運動における「創造力のある言論人」（あるいは「真の言論人」）の悲劇的役割について次のように述べる。

「ひとたび運動が回転し始めると、彼［創造力のある言論人］はみずから隠退するかそれでなければ排除されてしまう。その上、真の言論人はけっしてみずからの批判的能力を、心からまた長期にわたって抑制することができないので、必然的に異端者の役割を与えられることになる」。

実は、第一次大戦後の労働運動とそれにたいする賀川豊彦の関わりについて追っていくと、ホッファーの主張を地で行くような物語がくりひろげられたことがわかる。

一九二一年、神戸の川崎・三菱両造船所で争議が勃発した。これはそれぞれの職工たちが「賃金引き上げ」「横断組合の承認」「団体交渉権の確認」などを要求したことに始まり、約一カ月半にわたって続いた争議である。特にこの争議では、組合が工場を占拠し「工場管理」を宣言したことが社会に大きな衝撃を与えた。ただし実際には組合の手で生産が行われたわけではなく、要求を貫くための戦術として工場占拠と示威行動が展開されたにすぎない。会社側は組合の要求を突っぱね、また死者一名を出すほどの警察の弾圧もあって組合は苦境にたたされたが、組合の敗北を決定づけたのは、会社による生産再開に応ずる労働者が増えて争議団が事実上の分裂の危機に直面したこと、そして指導者が大量検挙されたことであった。争議団は「惨敗宣言」を発表して争議を終えた。

ところで賀川豊彦の歩んだ軌跡は意味深い。彼は、関西労働運動の指導者としてこの争議にも関わったのであるが、争議終結とともに自ら労働運動を離脱するという苦渋の選択を余儀なくされた。ホッファーのいう「真の言論人」に似た役割を担ったわけである。

賀川は初めから労働運動の世界の人間だったわけではない。神戸神学校に在学中から彼は貧民窟に移り住み、そこで救済活動にたずさわるクリスチャンであった。貧民たちは人格の喪失に陥っており、また貧民窟は病気と社会悪の巣窟であったから、賀川の関心はもっぱらその救済（彼のいう「人間建築」）に向けられた。しかし彼は次第に、貧民一般と下層職工とが必ずしも同一ではないことに気づくようになる。職工たちが貧民窟に落ちていく背景には、失業の不安や収入の不安定といった具体的な事情があったからである。

アメリカ留学から戻った賀川は、もはや宗教者としての救済策ではなく、労働組合の健全なる発展こそ本当の防貧策であるとの結論にいたる。だが彼の前にあったのは、労働組合運動が社会主義や無政府主義と同一視され、労働者に近づくものは危険思想家だとする、当時の日本の社会的風潮であった。彼は拙速の道を拒む。つまり賀川にとって労働組合運動はいかなるイデオロギーをも排した「純経済運動」でなければならず、政府に要求する項目（たとえば「結社の承認」や「治安警察法第一七条の撤廃」など）もあくまで組合運動の視点からのものでなければならなかった。だから彼が自らの活動の場を友愛会に求めたのは、ごく自然の流れだった。なお、面白い話だが、組合主義者に徹した賀川からすれば、当時の友愛会があまりに修養団体の性格が強いので、はじめのうち彼はそれほど高く評価しなかったという。

友愛会のなかにあっても、労働者は自らの人格を回復し高めていかねばならぬとする賀川の基本姿勢は変わっていない。彼が起草したある宣言文には次のような一節がある。

「我等は決して成功を急ぐものではない。我等は凡ての革命と、暴動と、扇動と過激主義［ボルシェヴィキ］思想を否定す。我等はただ自己の生産的能力を理性に信頼して確乎たる建設と創造の道を歩まんとするものである」。

だがその後の事態は、賀川が最も恐れた方向にむかった。友愛会は労働運動の波に乗って組織を飛躍的に拡大させていったが、そうなればなるほど運動力学に呑み込まれることにもなった。そして「直接行動こそ全て」とする勢力が台頭し、過熱する論争のために組合大会の正常な運営すら困難になったのである。再びホッファーの言い方を借りれば、「大衆運動は、欲求不満をもつ者に、自我全体の身代わりを提供するか、そうでなければ、人生に生きがいを与えるはずの要素に代わるものを提供する」[14]。こうした生きがいの代替物は、しょせん幻想に過ぎないのだが、大きければ大きいほど快感となるには違いない。当事者たちは運動の全体を見通す能力を失い、直接行動のエスカレートを競い合うという力学の罠にはまり込むのだ。その時、賀川はこう慨嘆せざるをえなくなる。

「憎悪を教へることは凡ての社会運動に於ては失敗である。社会運動の根本的動機は愛であらねばならぬ。然し人間は戦ふ。それは人間が病的であるからである。然しこの病的衝動を自ら弁護して、それが正当なる目的であり手段であるかの如く唱道することの愚かなことよ」。

賀川は失望感を抱えつつ、先に紹介した川崎・三菱造船所争議の指導にあたり、自らも検挙されるのであるが、運動の退潮とともに組合内での不毛な論争と対立はさらに深まっていった。幻滅した彼は一九二二年夏、およそ次のような文章を組合新聞に寄せて労働運動を去った。すなわち、善意による改造運動はだんだん姿を消し、脅迫が日本を常闇に追い込み支配しようとしている。私はその日が来るのを見たくない。日本の危機は刻一刻と迫りつつある、と[15]。

(5) 職工問題の解決方向

大正期の労働争議は、日本の職工問題の根深さ、深刻さをはっきりと露呈させた。そうであるだけに経営者側にたいしても、その解決の方向を強く示唆するものであった。すなわちそれは、企業における共同性を確固たるものにすべきであること、もっと具体的にいうと職工たちを企業共同体の内部の成員として組み込んでいくこと、これにほかならなかった。

実はその当時の職工は、たしかに社会的には落伍者とみられていたが、かといって完全に社会の外側に置き去りにされていたわけではない。賀川豊彦が職工を貧民一般から区別していたのもそこに理由がある。少し説明が必要だろう。

明治以降の重工業企業や兵器廠においては、職工は会社に直接雇用されているのではなかった。かれらの直接の雇い主は親方であり、その親方が会社から請け負った仕事をこなすのが職工の役目であった。だから賃金も、まず親方が一括して会社から受け取り、職工たちはそれを親方から再配分してもらうわけである。なかにはちゃっかりピンハネした親方がいたという話も残されているが、そもそも職工への配分比率は親方の一存に委ねられていたから、ピンハネの当否を問うのはむずかしい。このように職工と会社との雇用関係は間接的であり、職工は会社とは親方を介してつながっていたことになる。今日でいえば、ちょうど地方自治体の公共事業の請け負いに似た形をイメージするといいだろう。

会社からすれば、職工の調達や管理を親方に任せておけばいいから好都合ではあったが、しかしその反面大きな問題もあった。というのは、親方が会社の処遇に何らかの不満をもった場合には、彼らは配下の職工を引き連れて作業を放棄したからである。事実、日清・日露戦争後の争議の多くは、このように親方が職工を巻き込んで引き起こされたものであった。そのことに気づいた会社側は、この親方請負制の弊害を取り除くため、親方を経由せずに職工を直接雇用する方向へと転ずることになる。

直接雇用への転換の理由は、しかしそれだけではない。技術の高度化が求められるのに応じて、会社は自らの手で熟練労働者を独自に養成していく必要性に直面したのである。こうした直接雇用への切り替えが進みはじめたのが、明治末期から大正期にかけての時期であった。だから本稿が対象とする第一次大戦後の時期においては、職工たちは企業共同体のいわば「半成員」ともいうべき宙ぶらりんの立場に置かれていたわけである。

先にも触れた宇野利右衛門の言説の変化にも、そのことがはっきり現れている。一連の争議を観察した彼は、一方で労働者たちの「病的な発作」を指摘しつつも、他方では「兎に角、我が国の工業家の人びとは労働者を遇する道を知らぬ」と嘆き、その隘路を打開するには労働組合を是認して労使対等の協調を実現し、「工場立憲制」を打ち立てなければならぬ、と主張するようになる。資本家は労働者たちの「窮鼠猫を嚙む」類いの暴力の怖さを侮ってはならない、もはや労働者を主従関係の下に置くという古いカビの生えた思想は捨て去るべきだ、と。

こうなれば、解決の方向はますますはっきりする。それは、職工を企業共同体のなかに確実に取り込むことであり、またそれが職工たちの「感情問題」を解決することでもあった。

事実、その後の経過は宇野の主張するとおりの方向へとむかい、特に基幹産業の分野で日本型労使関係が形づくられていった。労使双方の動きをみておこう。

まず経営者側は、横断組合をそのまま承認することには難色を示したが、しかし職工との間に何らかの対話のルートをつくる必要性を痛感した。名称は様々に異なるが、工場委員会、労働委員会、あるいは種々の親睦会がそれである。大正八年（一九一九年）に鉄道院が現業員による委員会をスタートさせたのを皮切りに、工場ごとの意志疎通機関ないし協議機関の設置は急速な広がりをみせた。芝浦製作所においては、早くも大正十年秋に「芝浦労働組合」が創設されている。その組合規約によると、「本組合員は芝浦製作所に現職する日給従事者をもってし一工場を一区分とするを原則とする」とあるように、その形は今日の企業内組合とほぼ同じである。

これにたいし労働組合の側は、もともと「横断組合の承認」を要求していたのであるから、工場単位の従業員組織については消極的もしくは否定的にしか評価していなかった。しかし組合とて必ずしも横断組織にこだわり続けたわけではない。職工と会社との間に何がしかのパイプがつくられるのを歓迎して、結局は従業員組織の形成にむかったのである。事実、上述の芝浦労働組合の創設にあたっては、社内四団体は各々の組織を解散して過去の「情実を離れた大同団結」を決断した。[16]

(6) 日本型経営の成立

このように経営者が職工たちを企業共同体のなかに迎え入れる方向に転じたことは、同時に、職工たちの感情問題をとりあえず解決することでもあった。しかも一九二〇年代をつうじて日本が急速に大衆社会の到来を迎えたこともあって、労使関係は全体として安定期に入る。ただしこの段階では、団体交渉が制度化されたものからごく「微温的」なものまで、労使間の意志疎通のレベルは様々であった。また、職工が身分的格差から解放されて完全に平準化されたわけでもない。職工身分が廃止され形式の上でも企業共同体が完成したのは、太平洋戦争とその後の過程をへたのちのことである。

とはいえ、一九二〇年代に成立した労使関係のもとで、日本型経営システムはその輪郭をほぼととのえることになる。以下、その特徴を列挙しよう。

(一) 終身雇用制と年功賃金。これはまず官庁官吏・企業職員から始まって職工にまで拡大された。定年制および退職金制度の導入がその制度的な裏づけとなる。退職金は、「借地に家を建て、そこに長男夫婦と住み、長男の収入で生活費を賄う」という生活が想定され、生涯扶養の意味を持っていた(17)。いいかえればそれは、当時の企業が家族制度の維持を前提としていたことを物語っている。

(二) 従業員の職階制の整備。従業員の職制機構は基本的に「学歴」によって決定された。と同時に職員および工員といった「身分制」はまだ残されており、たとえば尋常小学校卒の職工が職員に昇格するのは一般にはほとんど不可能であった。とはいえ、身分的格差の溝は従来よりもずっと狭められ、職工の一部には職員(職場管理者クラス)にまで昇格する道が開かれるようになった。

(三) 基幹工養成制度。欧米諸国のように政府や自治体が技能養成を行なうのではない。各々の企業が行なうのである。すなわち義務教育を終えて企業に採用された工員は、まず技能養成施設に養成工として送られ、そののち基幹工として職場に配属される。かれらは数年単位で昇進し、順調にいけば職員にまで昇格することもありえた。そして、かれらが職場の位階制(つまり年功制)の中心的担い手であったことはいうまでもない。

(四) 臨時工制度。上述の基幹工の登場は、同時に臨時工制度の発足と裏腹な関係にある。容易にわかるように、企業が景気の変動に対応するために人的調整弁として採用したのが臨時工である。一般論だが、共同体が自らを共同体として維持していくためには、必ずその外側に（たとえ差別してでも）非成員を残しておかねばならない。同様に、企業が職工を共同体の成員として迎え入れたことにより、臨時工という非成員を新たに生み出したことになる。

（五）企業内福利施設。これはすでに日露戦争後には本格化しており、その多くは従業員の共済組合の形式のものであった。従業員の疾病・傷害にたいする扶助、日用品の供給などがその中心である。そして第一次大戦後、従業員規模が拡大したのに応じてこれら福利施設も大幅に拡充された。

以上の結果、目にみえて変化したのは移動率の急激な減少である。

隅谷三喜男氏の試算によると、(18)製造業における移動率は、大戦中の大正六、七年には実に八〇～一〇〇％におよんでいたものが、十三年には七〇％を下まわり、昭和二年には五三％となった。このことは特に大企業が中心の官営企業において著しく、大正十二年に三〇％弱だった移動率が昭和二年には一一％にまで下がっている。これには不況が大きく影響しているのは事実であるが、上述の施策が効を奏したことも否定しえない。かくして企業にたいする職工たちの帰属意識は格段に高まったといえよう。

以上のような、明治から大正期にかけての日本型経営の確立のプロセスを概観してはっきりわかるのは次の点である。

日本では、とくに左派系の知識人のあいだで、「労働者の自立」「階級としての自立」の必要性が叫ばれてきた。しかしそれは、近代化の過程が必然的に個人の自立をもたらすとした西欧型理念を単純に日本に当てはめようとしたものにすぎない。これまでみてきたように、日本の労働者は階級としての自立の道を歩んだのではなく、むしろ企業共同体に同化していく道を選択した。江戸期の商家における主人・奉公人の共同体的関係は、明治維新によってあれほどの危機と転換に直面したにもかかわらず、職工たちを自ら内部に抱え込んでいくことによっていわゆる職工問題の解決がはかられた。こうした基本構造は、第二次大戦後にいたっても変わってはいない。

周知のように西欧社会は階級分化の明確な社会であり、そうした性格は大衆社会と呼ばれる今日にいたっても濃厚に残されている。では階級を特徴づけるものは何なのか。K・ポラニーは階級利害について、これを貧困や裕福といった経済的性格から理解するのは誤りだと言いきり、「ある階級の利害は、最も直接的には、身分と序列、地位と安全とに関連している」と強調している。[19]「身分と序列」といい「地位と安全」といい、それは社会の歴史的慣行と統治形態にかかわっており、形成された文化の問題である。西欧と日本とではどのようにして文化の違いが生まれたのかはそれじたい興味ある大きな問題だが、ここで中途半端に立ち入ることは差し控えよう。いずれにせよ日本で労働者が階級として自立しなかったということは、その意識の「未成熟」とか「立ち遅れ」といった進歩史観で割りきれるわけではなく、ましてや日本社会に残存するといわれる「封建的」ないし「半封建的」遺制の問題ではなく、すぐれて日本の歴史的・文化的土壌にかかわる事柄だとみなければならない。

日本型経営と欧米文化

テイラー「科学的管理」の日本的変容

日本史をふりかえると、異文明が持ち込まれて以降、それが日本的なるものへと変容し土着化してきたことはすでに多く指摘されている。いわゆる断章取義である。そしてこのことは企業経営の歴史についてもあてはまる。代表的なケースはＦ・Ｗ・テイラーの「科学的管理法」の導入とその変容であろう。

科学的管理法というと、時間研究、動作研究、機能的職長制度、さらに原価計算法や能率給型賃金などといった、能率向上のための一連の経営技法を思い浮かべる。それは事実ではあるが、しかしそれらの技法そのものは氷山の頭の部分にすぎない。テイラーをはじめ、当時（十九世紀末から二十世紀初めの時期）のアメリカ経営者を悩ませていたのは絶え間ない労使紛争であった。多分に職人気質の労働者たちが自分のペースで仕事をこなすのにたいし、経営者はそれを「怠業」とみなし、賃率の引き下げというムチによって対抗したからである。

そこでテイラーはこう考える。この悪循環をどこかで絶ち切らなければならない。そのためにはまず経営者が労働者たちの仕事についてもっと科学的な眼で考え、労使が協働して利益を上げる姿勢へと転換する必要がある。利益が増大しさえすればその配分に関心を集中することも減り、配分をめぐって労使が相争うこともなくなるだろう、と。こうしてテイラーが最も強調したのは

「新しい協働および平和の観念」であり、このような「精神革命」こそが科学的管理法の本質なのであった。時間研究などの技法は、精神革命を実現するための手段である。

このようにテイラリズムの誕生の裏には、アメリカの個人主義に基づく労使紛争の広がりという事情があった。一言でいって、職場管理者を敵視し、指示どおりにはおいそれとは働いてくれない労働者たちをどうやって働かせるのか、この点にテイラーの挑戦があったわけだ。もうおわかりと思うが、このような状況は日本でのそれとは大きく隔たっている。

すでにみたが日本では、企業は初めから親方請負制のような共同体的関係を抱え込み、したがって近代化もそれを整備し活用する方向でなされた。たしかに「原生的」とも呼ばれるほど粗雑な側面があったことは否定できないが、小説『怒りの葡萄』にみられる世界に比べればまだ牧歌的である。

例をあげよう。第一次大戦直後、呉海軍工廠の伍堂卓雄（少将）は当時の工場内の様子を次のように報告している。

「朝職工が工場に出てきましても、余計な挨拶だとか、仕事に取り掛かる支度とかに手間取って容易に全力を発揮することをしない。尚また監督者も出勤して事務所へ来ると、まず茶を飲み煙草を一服吸って容易に現場の監督に取り掛らない。（中略）こんな風であるから労働者の作業能率は、就業時間を通じてあたかも蒲鉾の切り口の様になって、仕事の掛りと終りの辺は著しく低くて、全力を発揮するのはほんの真ん中辺だけなのであります[20]」。今日からすれば、実にのんびりとした仕事風景ではある。

当時は十時間労働制であるが、伍堂によれば、大部分の一般職工の実働時間は七時間四十分、「怠け者」にいたっては僅か六時間二十四分だったという。ちなみに伍堂じしんは八時間労働制の主唱者である。が、その理由は十時間制が過酷だからという点にあるのではない。八時間制にした方が職場の悪弊がなくなり却って能率が上がるだろう、というのである。

テイラリズムは、アメリカでは労働組合から目の敵にされつづけた。これにたいし日本では、テイラーの著作の翻訳は実に素早かったばかりか、一九二〇年代には多くの企業で実用化が始まった。これを疑問視する声がなかったわけではない。が、最も注目すべきは、能率向上の技法としてのテイラリズムは日本に上陸したとたん換骨奪胎され、必要とされる限りでの技術的側面だけが利用されたことである。もっと具体的にいうと、科学的管理の眼目はあくまで「個人の作業方法」を合理化することにあったが、呉海軍工廠の例でもわかるように、日本企業における問題は何よりもまず「職場集団の在り方」として存在したのであり、また職場集団における人間関係を度外視しては能率向上も考えられぬという状態であった。

伍堂卓雄は明治三十四年に東京帝国大学卒の海軍技術武官で、海外駐在期間も長く、とくに第一次大戦のあと欧米諸国を視察して、戦争における工業力の絶大なる意味を痛感して帰国した人物だった。彼はさっそく科学的管理法を呉海軍工廠に導入しようと試みるが、しかし職工一人ひとりについて標準労働を設定するのが無理だとの現実にただちにぶつかってしまう。さきに紹介したように、労働者たちは勤務時間のなかでいつも全力を発揮するわけではなく、時間研究・動作研究をしたところで必ずしもそれが生産の向上にはつながらなかったからである。

伍堂は、科学的管理法の応用は「極端に理想に走ってはなら」ず、「常識の伴った標準化」でなければならないと、まずクギをさす。肝心なのは、職工たちが自分の仕事にひとつずつ精通していくことであり、それをとおして「創始力や研究心が刺激促進され『より良き』方法が案出せらるる」ことであって、その意味では標準化はあくまでひとつの「目安」にすぎなかった。そこで伍堂は、職工一人ひとりについて標準労働を厳しく定めていくという方法はとらず、各工程を組織的に動かしていくという方法を採用した。これを砲熕（大砲）製造について具体的にいうと、工作方法、実施予定、工事進行、機械機具の計画準備、材料の準備、検査、請け負い時間の決定、度量衡精度の統一などといった各段階に対応して、それぞれ専門の係を設けて分掌したわけである。[21]ここでは作業単位は個人ではなくあくまで組織（係）であり、したがって作業上の責任は係の長（主任）にある。テイラーの方法があくまで労働者一人ひとりの作業改善をめざしていたのと比べれば、その差は歴然としている。

もうひとつ別の例をあげよう。

佐々木聡氏によると、鉄道院の工作工場では一九一〇～二〇年代に一連の改革が行なわれ、たとえば機関車一両の修理に要する時間が三十日（一九一四年）からわずか五日（一九三〇年）に短縮されるほどの能率向上を達成したのであるが、その根拠は次の点にあった。

「なお、ここで注意しておきたいのは、この期間の成果が動作・時間研究ではなく、右に述べた新しい施策を実施する際の管理担当者と現場作業員とのコミュニケーションの円滑化によってもたらされたということである。各工場では、作業改善にあたって現場作業員の積極的参加をもとめ、作業員から提出された改善案を摂取してゆくよう努めたのである[22]」。

テイラリズム導入についての考え方では、当時「工業教育会」を通じて産業界に大きな影響を与えつづけた宇野利右衛門も同じであった[23]。宇野の考えは概ねこうだ。能率増進の理論を書いた本は多く出版されているが、これらアメリカ直輸入の翻訳は「我が国の職工事情には頗る縁遠いもの」であって、それを実際に適用しても大部分が失敗に終わっている。その理由は「物質偏重のアメリカ式を、意気を以て立つ我が国の労働者に其のままに移し用いたるところ」にあった、と。そして宇野は、「我が国情に適する能率増進法」を提唱し、具体的には「工業家が各自その業務と土地の人情風俗とに基本を置いて研究しなくてはならぬ」と強調するのである。

宇野はこれを「精神的能率増進法」と呼ぶのだが、これは鐘淵紡績で武藤山治が実践した「精神的操業法」とほぼ同じである。武藤はこう述べる。精神的操業法とは、もっぱら「温情」によって使用人や職工に接することにより労働の効果を高めるものであって、たんに職工たちを懸命に働かせようとするものではない。すでに我が社の職工たちは能力を極度に発揮しているのである。仮に働く分量が同一であっても、その働きをもっと精神的なものとし、働きの質を高めようとするのが精神的操業法の目的である、と。

お断りしておくが、武藤をはじめ当時の経営者たちがテイラリズムの技法そのものを軽んじたということではない。それだけでは決定的に不十分だと主張しているのである。かれらが重視したのは、「誠心誠意」「品格」「仕事のはりあい」「働き甲斐」などといった倫理であり、こうした倫理に裏づけられてこそ技法も生きる、としたわけである。だが思い起こしてみれば、テイラリズムのもともとの立脚点は労使協働を実現するための精神革命にあった。アメリカでは蛇蝎のごとく嫌われたテイラーであったが、ひょっとすると彼の思想は日本という土壌の上で最も理想的な形で開花したのかもしれない。

ホーソン工場の実験

ここでひとつ補足しておくべきことがある。それは一九二〇年代に行なわれた有名な「ホーソン工場の実験」についてであるが、この実験の「画期的」結論はどの経営学のテキストにも紹介されているほどである。問題はその紹介のされ方だ。

これはE・メイヨーらハーバード大学のグループがシカゴにあるウェスティング・エレクトリック社ホーソン工場で行なった一連の実験で、照明や職場環境が仕事の能率にどう影響するかを調べたものである。その結果をごく教科書的に要約すれば、この実験の最大の成果は職場における「インフォーマル・グループ」の発見にある。つまり実験を進めるうち、職場環境と作業能率との間には相関関係がほとんどみられず、むしろ、「働きすぎない、怠けすぎない、他人にお節介をやかない、上司に告げ口をしない」といった非公式な掟によって行動する集団の存在がみつかり、これが作業能率を内側からコントロールしていた、というわけだ。そしてこの発見は、人間関係を重視する労務管理理論がアメリカで台頭するきっかけとなった。

以上のようなホーソン工場の実験を知って私が最初に抱いたのは、あれほど大掛かりな実験をやって得られた結論がたかだか「インフォーマル・グループの発見」だとしたなら余りにお粗末ではないか、その程度のことだったら日本の職場管理者であれば誰でもとっくに気づいていたことではないのか、という素朴な印象であった。

だが内海義夫氏はすでに一九六〇年代初め、ホーソン実験そのものに深く立ち入って再吟味し、この実験の方法には看過しえない問題があるのを発見していた。その実験結果に賛成するにせよ反対するにせよ、すべての論者が「ホーソン実験そのものにはふれないで、そこからみちびかれた理論や政策にたいしてだけ」論じている、と内海氏は学会の姿勢を批判する。実は正直のところ私も批判される側の一人である。ここではまず内海氏の主張に耳を傾けることにしよう[24]。

実験全体は四種類のものからなり、その開始から終わりまで七年以上を要する壮大な実験であったが、ここであつかうのはそのうち、労働時間の長さや休憩の挿入方法と作業能率との関係について行なわれた第二実験である。それに先立つ第一実験（照明実験）は、照明と生産とのあいだにはさしたる関連が発見できず、失敗に帰したとされている。そこで第二実験では被験者（女子組立工）を五名に限定し、しかも彼女らを一般職場から実験室に分離するという念入りなものとなった。

実験の前半は休憩時間に関するものである。すなわち、五分休憩を午前・午後に各一回、十分休憩を午前・午後に各一回、五分休憩を午前・午後各三回、午前に十五分軽食休憩および午後に十分茶菓休憩といった具合に、種々のタイプの休憩を挿入してそれらを生産高と比較する。これに続く後半は労働時間に関するもので、たとえば終業時間三十分くりあげ、一時間くりあげ、土曜日休日などを実施し、さらに休憩と労働時間とを組み合わせる実験も行なわれた。

ところが、第二実験もまた失敗であった。数トンにも達する資料の山を分析したにもかかわらず、統計上有意の相関関係は何ひとつとして発見されなかったというのだ。そして内海氏が批判するのはまさにこの点なのである。

内海氏によれば、メイヨーらの最大の誤りは生産高の指標としてもっぱら「週生産高」に着目するだけで、肝心の「一時間当たりの生産高」を見逃している点にある。ここには「実働率」の概念がぬけおちてしまっている。わかりやすい例をあげると、労働時間を延長してもそれが必ずしも生産増加に結びつくとは限らず、むしろ逆に生産の減少をもたらす場合さえありうるのだ。というのは、労働時間が長引くことによって欠勤が増え（つまり実働率が低下する）、かえって生産が下がってしまうからである。だから休憩や労働時間の変更がこの実働率にどう作用したのかがまず検証されなければならない。

この点に着目して原資料をつくりなおし分析すると、「統計上有意な相関関係は何ひとつとして発見されなかった」どころか、ほとんどの事柄について、みごとに因果関係の説明がついてしまうのである。詳しい説明は割愛するが、いずれの場合でも、賃金や労働時間の長短は作業能率に大きな影響をもたらすという、ごく当たり前の現象がここでもみられた。つまりこの面ではごく平凡な実験だったわけだが、なぜかメイヨーらは「統計上有意な相関関係はない」と判断してしまった。

こうした誤りは他にもある。それは被験者がわずか五人だったことであり、しかもそのうちの二人が途中で入れ替わっているにもかかわらず、実験は「一貫したもの」としてそのまま継続されていることである。これほど少人数の職場では、ほんのわずかな人間関係の揺れさえ作業に影響するであろうことは素人にでも想像できることであろう。これでは「有意な相関関係」など発見できるはずがない。

メイヨーたちは、このような方法上の問題点をなんら考慮することなく、あっさりと分析を断念し、その穴埋めに「人間関係」なる仮説を実験の外側から持ちこんだわけである。これが、かの有名なホーソン実験の実像であった。

私はメイヨーたちの提起した人間関係の重視そのものについて異論をとなえているわけではない。事実、ホーソン実験がおこなわれた当時、アメリカ企業における職場人間関係は最悪ともいえる状態にあった。現場監督者たちはさながら「敵意に囲まれた孤独な独裁者㉕」であり、その精神状態はつねに懐疑と恐怖にいろどられていたという。そのような時代背景を考えれば、研究者としての良心からの、職場に人間らしい関係を取り戻そうとするメイヨーたちの主張はむしろ当然のことだったとさえ思える。しかし、その実験結果は少なくとも事実の「発見」ではなく、ある特定の思想の持ちこみでしかなかった。だから人間関係の理論はアメリカ社会ではあれほど声高に喧伝されたにもかかわらず、現実には長いこと部分的にしか職場に根づくことはなかったのである。そうしてみると、一九八〇年代にアメリカの大手自動車会社が倒産の危機に直面し、ようやく「リーン生産」と称して日本型システムを導入して危機を脱出できたのは、アメリカ経営史のなかでは画期的なことだったのかもしれない。

なお、以上のような内海氏の貴重な発見は今日にいたるもなお無視されつづけているようだ。

大方の経営学のテキストは依然としてホーソン実験について後生大事に紹介しているからである。理由のひとつは、内海氏じしんホーソン実験の誤りに執着するあまり、肝心の職場人間関係の重要性をも視野の外側に排除してしまい、こうして日本の経営学との対話がついに実現しなかったことにあろう。いずれにせよ、研究者たちの悪しき専門主義、タコツボ型構造の結果である。

エピローグ

最後に、こんなエピソードを紹介しよう。

子守歌は全国にあるが、熊本の「五木の子守歌」も広く知られた歌のひとつであろう。歌詞の一番はこうなっている。

おどまカンジンカンジン　あん人たちゃ良か人《し》　良か人良か帯良か着物

野本寛一氏（民俗学）によると[26]カンジンには「非人」という字を当てるそうだが、辞書を引いても何故なのかははっきりしない。熊本の方言だというのが有力な説である。どうやらこれを歌っているのは、母親ではなくて子守奉公に出された女の子らしい。私は貧乏人の子、あの人たちは身分の高い名家の人、私もあんな良い帯や着物を着てみたいというのがこの歌詞の心情であろう。となると二番の意味もわかってくる。

おどま盆ぎり盆ぎり盆から先ゃおらんと　盆が早よ来りゃ早よ戻る

子守奉公でも、盆と正月は暇をもらって実家に帰ることができた。この娘はこんどの盆で奉公の期限が切れて、一日も早く盆が来て欲しいと歌っているのか、それとも、盆に実家へ帰ったらもう戻ってきたくないという気持ちを歌っているのか、いくつか解釈の余地はある。

私たちが知る、たとえばモーツアルトやブラームスの子守歌はまぎれもなく母親の歌である。だが、日本の中国地方の子守歌のように「寝た子の可愛さ、起きて泣く子のつら憎さ」と歌うのは、やはり母親ではなくて子守奉公の娘であろう。子どもが泣き声をあげれば、私は奥様にきびしく叱られてしまうのだ。日本の多くの子守歌にはこうした娘たちの哀感や怨嗟が歌いこまれているのだろうが、野本氏によればそればかりでもないという。沖縄には子守姉さんの子供に対する愛情を歌ったり、自分が背負う子の出世成功を祈る歌もあるのだそうだ。

そういえば、十五年ほど前に卒業したゼミ生の文章が今でも強く印象に残っている。彼の母親は幼いうちに里子に出され、物心ついた頃にはもう田畑の仕事をやるようになっていた。彼女は石鹸というものを知らなくて、たまたま風呂場にあった何かツルツルして良い匂いの物を見つけ、面白くて泡だらけになって遊んだのだが、あとで義母にひどく叱られて二度と石鹸を手にすることはなかった。小学校の高学年になってから彼女は赤子を背負って学校に行ったが、授業中にその子が泣くと校庭に出なければならなかった。その話を聞かされた私のゼミ生は、子供心に、母親の分まで勉強しなければいけないと思ったと書いている。なおこの学生は、文章のなかで自分のことを「彼」という三人称で語っていた。

これまで私は日本企業の共同体的性格について長々と述べてきた。だが、子守奉公をはじめ数知れぬ多くの人たちが共同体の外側に置かれてきたのである。そして共同体が自らを共同体と確認しうるのは、皮肉なことに、こうした外側の人たちの存在があったからである。

〔注〕

1 島田晴雄『日本の雇用』（筑摩書房、一九九四）一六～一七ページ。

2 江戸の小咄に、ある丁稚がこんなグチをこぼす話が残っている。「うちの旦那は人使いが荒い困ったお人だ。一日中お供に連れて歩き、お店に帰り着いたかと思ったらまた使いに出す。大方、用を済ませてホッとひと息ついていると、夜になって、今度は『手習いを始めろ』とおっしゃる」（山住昭文『風流江戸の小ばなし』朝日文庫、九七ページ）。疲れ切ってやれやれようやく寝られると思ったら今度は手習いか、というわけだ。

3 J・ヒルシュマイヤー『日本の経営発展』（東京経済新報社、一九七七年十二月）四二～四三ページ。

4 安岡重明『近世商家の経営理念・制度・雇用』（晃洋書房、一九九八年二月）五二～五五ページ。

5 上村雅洋『近江商人の経営史』（清文堂、二〇〇〇年一月）四九五ページ。

6 西山松之助ほか監修『江戸時代の常識・非常識』（ＰＨＰ文庫、一九九五年二月）一四〇ページ。

7 上村雅洋、前掲書、六二七ページ。

8 「グローバル化」にたいする日本人の対応という点では、今日と明治期とでは天地の開きがあった。明治の開国をめぐり幕府側と薩長側とが激しく対立したのを機に、フランスやイギリスはいずれかの勢力と結びつこうとしたことはよく知られている。だが当時の日本の為政者たちは、いずれの立場に立つにせよ、断固として西欧列強からの干渉を受けつけないという点では共通していた。

9 J・ヒルシュマイヤー、前掲書、一七三〜一七七ページ。

10 松沢弘陽『日本社会主義の思想』（筑摩書房、一九七三年七月）一二七〜一二八ページ。

11 松沢弘陽、前掲書、一六七ページ。

12 間宏『日本における労資協調の底流』（早稲田大学出版部、一九七八年十二月）第三章。

13 エリック・ホッファー『大衆運動』（紀伊国屋書店、一九六九年五月）一六六〜一六七ページ。

14 E・ホッファー、前掲書、一四ページ。

15 賀川豊彦に関する史実は主に、隅谷三喜男『賀川豊彦』（岩波書店、一九九五年十一月）に依った。

16 小松隆二『企業別組合の生成』（お茶の水書房、一九七一年十月）一〇四ページ。

17 津田眞澂『日本の労務管理』（東京大学出版会、一九七〇年七月）一〇七ページ。なお津田教授はこうして成立したシステムを「年功的労使関係」と呼んでいるが（同書一〇〇ページ以降）、本書でも参考にさせていただいた。

18 隅谷三喜男『日本労働運動史』（有心堂、一九六六年二月）一三二ページ。

19 カール・ポラニー『大転換』（東洋経済新報社、一九七五年四月）二〇九ページ。

20 間宏監修『日本労務管理史資料集第一期第八巻「科学的管理法の導入」』（五山堂書店、一九八七年九月）三〇八ページ。

21 間宏監修、前掲書、三一四〜三一七ページ。

22 佐々木聡『科学的管理法の日本的展開』（有斐閣、一九九八年十二月）四三ページ。

23 詳しくは間宏・前掲『日本における労資協調の底流』第四章第二節を参照。
24 内海義夫『労働時間の理論と問題』（日本評論新社、一九六二年十二月）第六章を参照。
25 岡本秀昭『工業化と現場監督者』（日本労働協会、一九六六年五月）三九ページ。
26 野本寛一「背の記憶Ⅱ」（青土社「現代思想」一九九一年八月号所収）を参照。

第三章補論　『女工哀史』の読み方

本書のつまらなさ、面白さ

『女工哀史』は大正十四年、細井和喜蔵によって書かれ出版された本である。同書がどれだけきちんと読まれ検討されたのかはよく知らないが、日本が近代化の道を歩み始めた時期、いわゆる「原生的労働関係」の時代における女子労働の姿を象徴する言葉としても、広く人口に膾炙されてきたのは事実だろう。

岩波文庫版に解説文を寄せている大河内一男氏は同書を次のように絶賛する。

明治期における女子労働者の記録としては、明治三十六年農商務省工務局による『職工事情』が代表的であるが、これは何としても官の調査物であり「上からの報告書」であった。これにたいし『女工哀史』の方は、あくまで女子労働者の立場に立ち、彼女たちの気持ちになって事実を記録し描き出している。工場労働の邪悪に対する著者のヒューメーンな抗議こそ、本書を働く人びとの愛読書たらしめたものである、と。

大河内氏の言うことが私には理解できない。上からであろうと下からであろうと、あるいは官であろうと民であろうと、報告書や記録であるのならそれぞれが独自の資料価値を持つはずではないか。そして各々が多面的な視角からなされるなら事実はそれだけ豊かな膨らみを持ってくるのだから、必ずしも官の報告書にはそれ自体として限界があるということにはならない。そればかりではない。大河内氏はどうやら同書の価値を、女子労働者の立場に立ったヒューメーンなプロテストの書という点に置いているらしいが、私の印象はまるで違っている。

『女工哀史』は、実に奇妙な作品である。むろん細井じしんの労働体験に裏づけられた記録という面はあるが、他面では何もかも「資本主義の邪悪」の一言でくくってしまう硬直したイデオロギー性がある。細かい事実関係が延々と述べられているかと思うと、たんなる伝聞としか思えぬことが紛れもない事実として扱われている場合も少なくない。女工の言動を無条件に擁護している面があると同時に、彼女らを「文化の非常に遅れた非文明的蛮人の心理」の持ち主だとこきおろす側面もある。そして細井が描く未来のユートピアは、ヒューメーンどころか、きわめて全体主義的な「義務労働」の社会なのである。

今回あらためて同書を読み直してみて、実に情緒的な作品だというのが私の強い印象である。同書を歴史的事実の客観的記録やルポルタージュだと無邪気に思いこんでしまうと、バランスを失した誇張に傾くことになる。むしろ私が面白いと感じた点はこうだ。それは同書の終盤の部分(「第十六」以降)になって、著者の内面的な無理が正直に告白されてしまっている点である。著者の細井は関西・関東での労働運動にたずさわり挫折も経験した苦労人であって、決して思想家というわけではない。彼が随所で披歴するイデオロギーは不自然なほど硬直しており、時には滑稽でさえあり、したがって身についたものとはとうてい言えず、むろん中身に溶け込んでもいない。そうしたイデオロギー的被膜がついに同書の最後の部分で剝がれるのだが、そこではホンネに近い観察がおずおずと述べられる。大河内一男氏は、それを同書の夾雑物とみたのか、それともどう扱っていいのかわからなかったのか、いずれにせよその部分の解説を意図的に回避しているのであるが、不自然に女工の立場に立った部分よりはずっと示唆に富んでいる。その辺の対比を念頭において、少し中身に踏み込んでみよう。

曖昧な事実の検証

私たちは『女工哀史』の冒頭からエキセントリックな表現にぶつかる。

細井によれば、人類にとって衣食住こそ絶対必要物であるから、まずその生産に携わる農民は「人類の父」であり、紡織工は「人類の母」である。その他の労働はすべてこれらからの分岐に過ぎない（揚げ足を取るようだが、「住」に携わる樵や大工はここには入ってこないらしい）。まあこれは、あとに続く「哀史」を浮き立たせるためのレトリックとして読み過ごしておくのが無難だろう。ここから細井は一挙に次のように断ずる。

「道学者は『職業に貴賤なし』と言ったが、私に言わすればとんでもないことで職業には大いに貴賤がある。政治家だとか学者だとかいっている連中は実に賤業である。そうして肥料くみや溝掃除こそ彼らに増して貴い職業ではないか?」「紡織工の労働は最も労働らしい堅実な労働」であり従って「正義である」と(岩波文庫、二〇〜二二ページ)。

ということは、論理的に考えれば政治家や学者の労働は「不正義」だということになる。むろん私とて政治家や学者をとりたてて高貴な仕事などと考えているわけではないし、そこには賤しい人間だっている。しかしこういう単純かつ極端な底辺主義がもし現実の政治になったとしたらそれこそ悪夢でしかないし、現にたった二、三十年前のカンボジアで起きたことである。細井の私憤を体現した独裁者でも現れたとしたら、私のような大学関係者なぞ片っ端から生きたまま穴に放り込まれて白骨の山を築くだろう。

同書全体を貫く論調はほぼこんな調子である。もう一つ例をあげよう。

会社は女工の親許に月刊の機関紙を発送しているのだが、これに対する細井のコメントもまた実に紋切り型である。

「いま私の手許に長い間かかって蒐められたこれら諸材料の束があるが、それを解いてみていかに馬鹿馬鹿しいことが書いてあるかに先ず呆れる。真理の前に三文の値打ちもない黴の生えたようなことばかり並べ立て、全面ことごとく資本主義擁護、奴隷賛美の文字に満ちている」(一〇〇ページ)。

つまり会社のやることは全て邪悪なのだ。学校関係者を呼んで工場を見学させるのも巧妙なる邪悪、地震のことを考えずに建てられたレンガ造りの工場は人間性無視の権化、模範女工に対する表彰制度などは彼女らを資本家の人身御供に駆り立てる邪悪な制度、鐘紡における社内結婚奨励なんぞは温情的仮面をかぶった打算行為、等々。このように「資本家の邪悪」という結論があらかじめあるのだから、あらゆる事実はここに流し込んでしまえばいい。

だが当然ながら、こうなると事実の叙述それじたいがどこまで正確なのか、疑わしくなる。

もちろん私は、細井がウソを捏造していると言いたいわけではない。かなりの部分、当時の工場ではそんな酷使や非人間的扱いはあり得たであろうと思われることは少なくない。にもかかわらず、一つひとつの事実を読んでいると、たんなる伝聞に過ぎず細井じしんがどこまで確かめたのかわからないようなものが実に多い。たとえば大阪でコレラが流行した際、ある会社では医師と結託して真性患者に毒を盛って処分し、「こうしてそも幾百人の女が無念を呑んでかえらぬ幽鬼に旅立った」とあるのだが（二四六ページ）、こんな重大な事件が具体的な日時、会社名、資料も明記されぬままあっさりと書かれている。にわかには信じがたく、改めて事実関係を調査せずに本書からそのまま引用することは私には到底できない。

本書を読んでいると、どうも細井にとって事実を事実として積み上げていくことは二の次だったように思える。かつて私はシモーヌ・ヴェイユの『工場日記』を読んだことがあるが、細井と比べると、事実の意味を重視する心構えの差には歴然たるものがある。

ヴェイユは一九三四年秋から一年間、当時の社会主義イデオロギーに飽き足らなさを感じ機械工場に入った。まるで自分の全身を実験材料にするかのような徹底さで、彼女は機械に立ち向かい、周囲の労働者たちを観察し、それを克明に記した。彼女は徹底的にこき使われ、連日へとへとに疲れきり、頭痛にも悩まされる。が、そんな生活のなかで、歌好きの少年の笑顔に出会ったり着替え室で陽気な冗談を聞いて喜びにあふれるような体験もする。ヴェイユが自らの体験をつうじて発見した結論はおよそこうだ。「過酷で容赦しない状態のなかで生まれるのは、反抗ではなくて服従である。現に私は日曜日だけしか反抗的な気分にならなかった。次に入った工場では、服従よりもさらに進んで、何ごとも諦めて受け入れるようになっていた(1)」と。ここまで本音を吐露できるのは、ヴェイユがイデオロギーの拘束からいかに自由であったかを物語る証左である。

それにしても、出来高払い制のもとで労働者たちがお互いに競争に駆り立てられていた当時の工場の状況は、かくも過酷だったのだろう。だがこの体験は、ヴェイユにとって決定的ともいうべき転換点をもたらした。つまり政治革命のような上っつらの変革では労働者の不幸は決して取り除けないのだ、ということを彼女は知ったからである。

親のために働く孝行娘たち

『女工哀史』には、以上みたように、女工たちをもっぱら資本主義の邪悪の犠牲者として描き出そうとする視角が基本になっているが、かといって細井はそれに徹しているわけでもない。同書の最後の部分で女工の心理や思想を扱おうとする段になって、細井は突如として彼女らを突き放し、男という高みから少々ウンザリ気味の顔で論じるようになるのだ。

まず彼は、「女工は文化が非常に後れている。従って非文明的蛮人の心理が多分にある。尠くとも彼女はいわゆる現代の仕事を営んではいるが、思想的に言うなれば現代の婦人としては、ほとんど落伍者の観がある」(三二五ページ)と述べ、具体的には、気持ちがいじけきっている、大体において明るい場所を好まず薄暗い所を好む傾向がある、他人をひどく恐ろしがる、男工を非常に軽蔑しまるで糞かすのように言う、普通の女性以上に猜疑心が深く嫉妬心に富む（細井によれば「その根性悪さと来ては全く『鬼婆』という形容が掛値なしに当嵌るようなのがいる」三四八ページ）など、今の時代ならとうてい穏便には済まされぬような表現が連なる。なお細かいことだが、女工のよく使う言い回しに「あいつデモクラ起こしとる」というのがあったそうだ。もちろんデモクラシーから来ているが、「不平を言ってゴネている」というのがその意味だという（三五二ページ）。女工たちの用語法、なかなかみごとではある。

ここでは次の点について触れておこう。それは女工たちの労働観についてである。細井の指摘はこうだ。

女工はみんな孝行娘である。彼女たち十人のうち八人は親のために働いているのだ。そしてそれを恨みには思わない。栃木のある工場の場合を計算してみると、実に収得高の九割以上が親許への送金に回されており、残りの一割および賃金以外の若干の余禄のみが彼女らの小遣いだという。こうした事実を紹介しながら細井は、「彼女たちの多くは、唯もう親のために文字通り身を捧げているのだ。そしてそれを嬉びとする」と感心している。

だとすると、細井が同書前半の随所で「強制的送金制度」を取り上げ、女工の権利を甚だしく侵害するものだと難じてきたことは一体どうなるのか。送金制度はせいぜい女工たちの自発的意思を追認し制度化したものに過ぎなくはないのか。

細井は同書のあちこちで、近代個人主義の立場から「会社による権利侵害」を非難するのであるが、しかしよく考えてみれば、入社してくる若い女工たちはせいぜい今の時代の中学生程度の年齢である。もちろん、そんな未成年にたいし権利の尊重など不必要だなどとは決して言うつもりはないが、しかし職場のみならず寄宿舎において様々な形の規則や拘束があるのはむしろ当然だろう。それをあたかも監獄のごとき無権利状態として描くのは、どうみても誇張に過ぎる。

実は当時、製品の量および質を高めていくうえで、労働者の職場への定着をはかり熟練を確保することに腐心したのは経営者たちだった。その代表例は鐘淵紡績の武藤山治である。武藤は「科学的操業法」（テイラーシステム）をいち早く導入したが、それと同時に重視したのが「精神的操業法」であった。武藤いわく、「［精神的操業法とは］各人の精神を仕事の上に集中せしめんとするにあたり、換言すれば、熱心と真面目とを絶えず仕事の上に持続するにあるなり。されば科学的操業法は仕事の量に関する操業の方法にして、精神的操業法は仕事の質に関する操業の仕方と考ふるを得べく」云々、と。鐘紡における「温情」の重視、職場の不満を広く聞くための「注意箱」、女工に対する言葉遣いの重視、共済組合を通じた年金制度、病気や妊娠・出産にたいする休業保障などはその具体例であり、武藤はこれらをつうじて一種の愛情共同体（「一家族のごとく」）をつくろうとしたわけである。これが充分だったかどうかについては大いに検討の余地はあろうが、かといって細井のように、「鐘紡のやり方を見て感服する者は労働問題を履き違えた輩だ」と述べて初めから切り捨ててしまったのでは、まさに思考停止という以外になくなる。

最後にもう一つ触れておくべき点がある。

大正期の女工による争議を眺めてみると、上司や仲間の「排斥」または「引き止め」をめぐるものがきわめて多く、しかも争議のほとんどが女工たちの要求通りの結果に終わっている。ところがこのことに関する細井の評価は手厳しい。細井の言い分はおよそこうだ。彼女らの争議はひとつとして労働条件に触れておらず、したがって「文化的意義をもたぬ」ものである。つまりそれは「争議の乱用」に過ぎぬ。いずれも工場全体におよばぬ局部的なものだから、彼女らはそもそも争議に無理解である。というのは女工が争議を起こす場合、寄宿舎の先輩格の女工を「君主のごとく信仰」してその命令どおり動くからだ。こうして細井は次のように結論づける。「女工のストライキは、よしそれに男工が加わっているにしてもいわば面白半分、附和雷同的なものである。しかしこんな争議に真剣味のないことは当然の勢である」(三六六ページ)と。

要するに細井は、女工たちの争議がなかなかプロの指導者の統制下に入ってくれないことに苛立っているわけである。実は細井という人物、統制することが実に大好きで、事実彼が理想とする未来社会は、国有工場をつくって結婚前の女性全員に義務労働を課すという、かのF・A・ハイエクが聞いたら非人間的な「設計主義」の極地だと激怒しかねない代物なのである。

あまりに硬直した争議観というほかはない。ふりかえってみれば古今東西、リーダーの命令一下、軍隊のように統制された争議などあったためしがないのである。男子職工の場合にせよ、争議の原型は親方の意向に配下の職工たちが追随したものであり、その意味ではきわめて自然発生的な性格を持っていた。リーダーの役割は基本的には、そうした個々の運動を連携させあるいは調整するにとどまる。だいたい労働争議から「面白半分」や「附和雷同」の面を取り去ってしまったら何が残るというのか。むしろ当時の女工にとっては、姉さん格の先輩女工との関係こそ職場共同体における基本単位をなしていたことに注目しておくべきであろう。

というわけで『女工哀史』は、そこに盛られた史実そのものというよりは、著者・細井和喜蔵をとおして当時の実践家のイデオロギー、女性観、労働観、争議観などを知る上で格好の書であり、また大河内一男氏のように、実践家の著作というだけで媚びへつらってしまう日本の知識人の姿を垣間みせてしまう書である。

〔注〕

1　シモーヌ・ヴェイユ『労働と人生についての省察』（勁草書房、一九六七年）一二四ページ。

第四章　経営権と労使関係——日産争議の場合

日本における争議パターン

経営権をめぐる労働争議

これまで私は、日本企業にあっては内部の共同性がいちじるしい特徴になっていることを述べてきた。だがこのことは、日本企業が労働争議とは無縁であったことを決して意味しない。事実はむしろ逆である。いったん共同性の主導権を労使のいずれが握るのかという紛争がもちあがると、それは現実には経営権をめぐる争いへと発展し、妥協の余地すらないような事態にいたることがしばしばだったのである。

ざっとふりかえってみると日本の労使関係の特質は、とくに社会が危機に直面した場合、その揺れ方がきわだって極端だったという点にある。たしかにそのような経験は西欧諸国でもみられた。しかし西欧では労働組合が企業にたいして外在的にかかわる形で組織されたから、しばしば組合は革命にたいしては防波堤の役割をはたし、また安定期には企業とは相対的に独自の立場を維持したのである。これにたいし日本では、組合は企業の内側に、しかも企業組織と重なりあう形で組織されたため、かえって一方での「反企業」と他方での「没企業」の両極端のいずれかに傾きやすくなり、落ち着くべき基準点が定まりにくくなる。その歴史を概観するとこうだ。

まず最初の激変は第一次大戦直後の時期（大正期）におきた。関西の大手造船企業で労働者たちが工場を占拠し「工場管理宣言」を発する事態が生まれたのがそれである。まだ局地的だったとはいえ、いわば労働者たちは企業の経営権さえ掌握してしまったわけである。しかしこのような事態は長続きせず、一九二〇年代には労働者はしだいに企業共同体のなかに吸収されていき、第二次大戦期にはついにあらゆる組合の機能が産業報国会へと解消されることになる。わずか二十年たらずのうちに労使関係は極端から極端へと歯止めなく揺れたといっていい。

しかし第二次大戦敗北後、労使関係は劇的に再逆転する。戦時下で企業ごとにつくられた産業報国会は、戦後危機のなかで従業員組合へと姿を変えた。GHQ（占領軍総司令部）の容認があった限りでの話だが、次々と結成された従業員組合は大規模に企業を占拠し、組合による生産管理に入った。経営権は再び、しかも広汎に、組合によって掌握された。戦後危機はほどなく終息したが、と同時に、組合が経営陣にとってかわったという経験は、いわゆる「強い組合」にとって経営権掌握が現実の到達目標として意識されたことでもあった。事実、一九五〇年代にいたってもいくつかの組合では経営権にたいする介入を持続したのである。

争議と組合分裂

さて、第二次大戦後の日本における主だった労働争議（ここでは大企業の場合を念頭に置いている）を一瞥すると、ひとつの共通したパターンが浮かび上がってくる。

そのパターンとは、〈会社・組合間の衝突→組合分裂→第二組合による操業再開と争議の終結〉

というものであって、個々的には多少のバリエーションはあるがほぼこの図式として描くことができる。とくに一九五〇年代、労働組合が会社の経営政策や人事権に干渉するなど強力な規制力を獲得した場合には、例外なしに先のようなコースを歩み、組合じしんが少数派となってその規制力を大きく削がれてしまうか、なかには組合の消滅という結末を迎えることさえあった。

だが、ここで問うてみるべき問題がある。あれほど長期かつ強力にその規制力を行使してきた組合が、会社との正面衝突のなかで何故にあれほどあっけなく組合分裂を許してしまったのか。強力といわれてきた組合はいずれも、長い試行錯誤の積み重ねをつうじてその力を育んできたわけだが、それとは対照的に、組合分裂から少数派への転落の期間はおどろくほど短い。むろん、長期争議に際して会社側は万全の態勢をしいて臨んだこと、これにたいし労働者の側には常に解雇の危機が目前にあったことなど、現実の力関係の差を指摘することは可能だし、それは打ち消しようのない事実であろう。だがそれだけでは、組合が争議に敗北したことのトートロジー（同義反復）にすぎず、なぜそれが組合分裂という形で終結にいたったのかについての説明にはなっていない。そもそも組合分裂とは労働組合にとって一種の自己否定にほかならず、だからこそ第一・第二の両組合間にはお互いの相手の存続を容認しえぬほどの憎悪と対立が、しかも長期にわたって渦巻くのである。日本における多くの大争議に、「力関係で組合が負けた」とあっさり片づけられない悲劇性がつきまとうのは、このように労使間の対立がさらに組合内部に転移して、それが組合員どおしの憎悪へと増幅してしまうからであろう。

となると、ここにひとつの仮説を立てることが可能になろう。それは第一に、争議における組合分裂は突如として発生するものではなく、その種子は争議に先立つ段階で既に組合内部に胚胎していたのではないか、そして第二に、組合が経営権に肉迫するということは逆に自らの基盤を掘り崩す結果になるのではないか、という仮説である。

このような仮説を念頭におきつつ、敗戦後から一九五〇年代初頭にいたる日産自動車の労使関係を追い、外見では急進化していく組合が実際にはどのような内部矛盾を蓄積していくことになったのか、この点を明らかにするのがここでの課題である。[1]

ただし、あらかじめお断りしておかなければならないことがある。ここで日産自動車の事例をとりあげるといっても、私は会社、組合いずれにたいしても何の利害や悪感情をもっていないし、まして「善玉・悪玉」論をぶつつもりもない。同社の労使は、日本の戦後史を全力で生きぬいてきたのであり、今日でもそうである。日本企業が直面した試練の代表例として、同社のケースをとりあげさせていただくだけである。

ここで一九五三年の日産争議について簡単に紹介しておこう。

五〇年代はじめから日産、トヨタ、いすゞの各組合は「三社共闘」を組み、これを軸に全自動車（全日本自動車産業労働組合）がつくられていた。とくに日産分会は「総評最左派」といわれるほど強力な職場闘争をおしすすめていた。だが五三年夏、日経連のバックアップをうけた日産経営陣は、組合側の賃金要求にたいしロックアウトをはじめいわゆる「レール戦術」を次々とくりだし、組合との妥協をすべて拒否する挙にでた。行き詰まった日産分会はついに分裂し、あらたに誕生した第二組合（現日産労組）と会社とのあいだで就労協定が成立、こうして日産分会は孤立した。争議が三ヵ月にもおよんだことから「百日争議」といわれることもある。さらに争議融資金の処理をめぐって全自動車も内部危機をかかえるにいたり、五四年十一月、全自動車はみずから組織解散した。なお、以下にしばしば登場する益田哲夫は、この争議のトップリーダーである。

占領政策と労働組合

ところで戦後の労働運動をみる場合、アメリカを軸とした連合軍の占領政策の基本的性格について手短かに論じておかなければならない。

これまで、私も含めて多くの論者がこれを「上からの民主化」と呼んできたが、しかしこの表現は、いかにカッコつきであるとはいえ真実からはほど遠いものである。そもそも軍事占領と民主主義は、概念じたいとしても相容れるものではなかろう。事実、かの極東軍事裁判において日本側が提出した証拠書類のうち実に三分の二（約五千ページ）が却下され[2]、さらにすべての報道ばかりでなく私信までもが厳格な検閲制のもとに置かれたことに示されるように、肝心の面では民主主義は容認されなかった[3]。

占領軍がまず最初に行なった政策はおよそ次のことである。つまり「一部の軍国主義的指導者」と一般の日本国民とを切り離し、いっさいの戦争責任を前者に負わせること、そして戦時中のあらゆる権威体系を破壊するために国民を総動員すること、一言でいって日本の歴史における戦前と戦後とのつながりを切断してしまうこと、これであった。この点、米英仏ソ四ヵ国による分割占領下に置かれ、占領政策の基本目的が「ナチス以前」への復帰にあったドイツの場合と比べ、対日占領政策ははるかに苛烈であった。だがGHQの巧みな世論操作は、敗戦直後の精神的虚脱感と飢餓状態にあった人びとを慰撫することにより、みごとに効を奏したといってよかろう。占領軍にたいし「深甚の感謝」を表明したあの「解放軍」規定はその証左である。そして蛇足ながら、この解放軍規定の錯誤は今日の日本にも根強く生き続けている。

占領軍の労働政策にしても同様である。占領軍は労働者たちの不安と生活苦を「怨念」へと組織し、これを助長した。ドイツの場合にはナチス以前の産業別労働組合の復活という明確な目標があったが、日本にたいする労働政策は、日本社会をアメリカ的理念に沿って「つくりかえる」という基本方向にすべて従属させられた。マッカーサーが自らの占領政策の目的を日本の「経済的扼殺」と明言したことに示されるように、[4]戦後復興の主たる担い手を経営者にではなく、無謀にも労働組合に託したのは占領軍の大いなる選択であった。

私たちは、当時の労働者たちの怨念の如き心情の率直な吐露を、たとえば北陸鉄道において労働組合が結成される際に発せられた檄文のなかにみることができる。そこには次のように述べられている。

北陸鉄道従業員諸君ニ告グ。親愛ナル従業員諸君ヨ、我々ハ総力ヲ挙ゲテ斗ツタ、然シ乍ラ遂ニ戦ハ敗レタ。何故ニ敗レタカ。従来ノ指導者タル軍閥並ニ財閥ニ依リテ敗レタノデハナイカ。敗戦ノ結果来リシモノハ何カ、生存ノ脅威即チ飢餓デアリ失業デアリ将ニ家庭生活ノ破壊デアル。……斯ルトキニ当リ、一刻モ早ク、我々ノ、我々ノ為ノ、我々ニ依ル労働組合ヲ結成シ相互ノ生活ノ安定ヲ図ラントス……。

要するに、われわれが総力を挙げて戦ったにもかかわらず敗北したのは「従来ノ指導者タル軍閥並ビニ財閥」のためであり、この生存の脅威を乗り切るには今度は自らの手で組合を結成して難局に当たらなければならない――これがここに書かれている内容であり、組合結成の動機としては広範な心情を代表するものといってよかろう。いいかえれば、既存の秩序の体系が崩壊するなかで、今や労働者たちは自らが経営者を越える最上位者であると認識し、戦後復興の旗手たる役割を担おうとしたのだった。読売争議をはじめとする一連の「生産管理闘争」は、その典型にほかならない。当事者たちが自覚していたかどうかはわからないが、こうした争議が少なくともGHQの意向に沿うものだったことは皮肉な話である。

だが、こうした生産管理闘争について、組合が経営権を奪取した成功例とみたり、あるいは「社会主義の萌芽」と評価するのは、やはり行き過ぎであろう。どの争議をみても、生産管理は基本的には争議戦術の域にとどまっていたからである。その後の労働運動との関連からいえば、むしろ労働組合が、戦後復興のためには企業の経営権に介入することを当然の成り行きと考えていたことの方に注目しておく必要がある。事実GHQは、生産管理闘争が実際には決して長続きするものではなかったとして、次のように指摘している。

概して、組合の目的は、生産を増加させ、経営者の信用を失墜させることであった。各組合は、生産管理がかなりの増産をもたらしたと主張した。しかしながら、組合が生産管理を成功させることが、通常、燃料や原材料の確保、債務に見合う信用の獲得、さらに商品の流通および輸送で制約されていたために、生産管理が二週間以上継続されることはまれであった。(5)

事実はこの指摘どおりだったと思われる。というのは、組合が経営権を一時的に掌握したといっても、それは人事権をはじめとする企業の内部体制に関してだけであって、原材料の確保や販路の開拓などといった企業の対外関係についてはほとんど組織化できなかったからである。むろん企業別組合にそれを求めることじたいが無理な課題だというべきだろうが、しかし社会全体が物資の払底と流通の混乱にみまわれていた当時にあっては、組合による生産管理をそれじたいとして維持するのはきわめて困難であった。

なお経営者たちは、これが「私的所有権の侵害」であるとして組合を強く非難した。しかし興味深いことに、日本政府は公式に生産管理を非難したものの、不法行為の防止を各都道府県に通達しただけで、暴力行為が伴わないかぎり基本的にはこれを放置した。また一九四六年十二月に東京地裁民事部は、「会社の生産方針に影響を及ぼさないかぎり」という条件つきながらも生産管理を容認する判決を出している。その背後にGHQの意向が強くはたらいていたことは容易に推察できよう。いずれにせよ、一九四八年四月に最高検察庁と検事総長が生産管理を厳しく非難するにいたるまで、いわば企業経営者たちは社会的に孤立無援の状態だったわけである。

以上を前提にして、以下、日産自動車の事例をみていくことにしよう。労使の動きは、全三幕の舞台の上で展開される。

第一幕――労使による企業共同体の成立

良き「日産人」

「戦後復興は労働者の手で」――これが敗戦直後の大方の労働組合の合言葉であった。そのことは日産でも変わらない。日産重工業従業員組合は一九四七年二月、機関紙「日産旗旬報」(以下「旬報」と略す)を創刊するが、そこには運動の柱として、労働者の手による産業復興をめざし全日産人の総力を結集するため新たに「職能委員会」を設置することが表明されている。その紙面に目を通していると、組合を結成したばかりの労働者たちがいかに大きな歴史的使命感に燃えていたかという気迫がはっきり伝わってくる。「旬報」が熱っぽく語るのはおよそ次のことだ。労働組合は、たんに自分たちの利益を獲得するなどとそんなちっぽけなものではない。この時代、資本家はわれわれを護ってくれるだけの力を失っている。だからわれわれは会社を相手にしただけでは問題の解決にならない。この意味で、労働者の経済的要求を根本に据えるかぎり、それが政治運動に結びつくことは大いにありうるのだ、と。こうして組合は、戦後復興の達成を自らの

第一義的課題としたのだった。

一つ重要な点がある。ここに表明されているのは、戦後復興を実現しようとする場合、現情勢下では国と企業を再建する能力と資格をもっているのは労働組合であるとの意気込みははっきりしているものの、いくつかの表現上の点を除けば、資本家およびその国家を「打倒さるべき敵」として断ずるようないわゆる階級闘争の観点はみられない。ここに登場するのは、国家再建をはたそうとする一種のナショナリズムであり、また良き「日産人」たらんとする企業人としての自負である。その点は次の文章にもはっきりと表れている。(6)(なお、明らかな誤字や句読点については最小限の範囲で補正した)

先づ我々の地位の向上を目指す第一歩として我々労働者の最低生活が保証されねばならぬ。現在の如きインフレの段階にあっては、勢い賃金の最大限の支払いが要求されることになる。然しこの要求は、あくまで我が国の荒廃した経済を興隆するのに寄与する態のものであるという良心を忘却してなされるべきものではない。……諸般の事情を勘案するに組合の運動は、広く国家的社会的性質を帯びて来るものである。斯様な性質を持つ以上……ここに生ずる問題を解決する根本となるものは、この痛ましくも荒廃した我が国の経済を再建するための何よりも逞ましい愛国心であることを、何人と雖も想到せざるを得ないであろう。ここに我々は我が組合員の中に真の愛国者、救国者の出現することを祈ってやまない。(傍点は引用者。以下同じ)

この文章は、「文書課・久米金九郎」による「組合運動を知れ　真の愛国者よ出でよ」というタイトルの投稿で、その内容が組合全体を代表するものかどうかまでは不明である。しかし紙面の編集は執行部の責任で行われていることを考えると、この内容が当時の組合の考えから大幅に逸脱していたとも考えられない。むしろ前述の北陸鉄道労組の檄文を想起すれば、「愛国」的な心情から組合運動に期待を寄せた層は決して少数ではなかったと理解するほうが妥当であろう。つまり、当時の日産の組合リーダーたちが「みんなまったくのシロウトで、「組合結成に当たって」外部からの指導は全然なかった」と明言しているように[7]、日産重工業従業員組合はイデオロギーぬきの企業内組合として、いいかえればあくまで企業人（「日産人」）の立場からする運動として、スタートしたわけである。

したがって組合の基本方針にしても、自らが経営陣にとってかわるなどという方向にはなく、逆に「経営陣はもっと強化さるべきだ」とくりかえし訴えている。機関紙からいくつか実例を拾ってみよう。

（1）労働組合の主たる目的は経済闘争であるということは誰もが知っている。我々も労働運動が経済闘争一本で解決出来得る状勢の一日も早からん事を念願する。……経済闘争一本で押進める為には相手方の経営者が健全であり、経営者としての能力を充分発揮出来る状態でなければならない。現在の日本の経営者陣を検討すると一部を除いては前述の条件には当嵌らない。それは日本の敗戦に依る経済界並びに産業界の混乱も一つの原因にはなるが、真裸になって日

本の再建に邁進すると云ふ熱意に欠けて居る事が大きな原因であらう。（中略）
現在までの日産に於ける組合の進み方は、非常に理論的であり余りにも負担が重過ぎた。今少し常識的に進む事は出来ないかとしばしば考へて居るが、結論として経営陣が強化される事が先決問題であると考へる。従来組合の要求は具体案まで組合に於て決定して要求を提出したが、この方法は組合としては実に過重な方法であり、我々としては基本的な要求を提出して技術的な事務的な処理は当然会社側に於て解決さすべきである。(8)
（2）職制を強化せよ。最近工場の管理がいかに行われているか打診する時、実に惰気満々憂慮すべきものがある。それは何に起因するかと云へば職制が強化されて居らないからで、またいかに立派な職制を作っても、その職に人を得なかったなら危険この上なきものが出来る。この際職制人の奮起と自覚を要望する。課長までの職制は成ったが、作業進行の中核体であるそれ以下の職制が未だ確立されていない。経営者のタイマン振りを責めたくもなる。最近職制が委縮して居るのではないかとの声が高い。(9)
（3）［労使］双方の立場をよく理解し合はなければならない。組合は会社の経営権を尊重する。今迄組合は会社の民主化を主張し、会社経営が独裁的になされる事に反対して来たが、経営権を侵害した事はないし、之を主張しても居ない。会社は組合の在り方をよく認識せねばならない。……生産復興の一翼として労働規律の確立を提案し大衆討議して自主的な規律ある行動をなさうとしてゐる組合に対しては、寧ろ自らの秩序保持の力の不足を恥ぢるべきであって、組合活動を不可能な程度のワクに押し込めやうと企てるべきではない[10]。

事例紹介がやや長くなったが、いずれもその主張は明快である。これらを総合すると主旨はこうなろう。組合は会社側の経営権を尊重する。事実、組合は経営権を侵害したことはないし、そのように考えてもいない。ところが会社側の努力が不充分なために、工場の管理は「惰気満々」の状態であるし、組合活動の負担も過重になっている。このような事態を打開し生産復興をとげるためには、会社側は自らの責任において職制機構の確立に努力すべきである——と。

職制機構の帰属問題

とはいえ、ここに大きな問題が潜在することになる。

一言でいってそれは、いったい「職制の確立」が会社、組合のいずれの側に帰属すべき問題なのか、という点である。さきに紹介した組合側の意見は、いずれも職制機構の未確立が会社側の責任であると主張しているし、またそのことに会社が充分応えていないとして不満をぶつけている。ところがこれとは矛盾するのだが、その同じ時期に組合は、職制機構が「組合運動の基盤」であり、したがって組合じしんがこれを強化しなければならないと主張しているのである。次の主張をみていただきたい。

組合運動の基盤の一つは職制である。我々は職制を強化して会社の生産をあげ、我々の生活権の擁護を達成する事を考へなければならぬ。……［したがって］組合としては進歩的な経営者に期待する所が大きいし、条件によってよく協力せねばならないと同時に、組合員の中からもどんどん進歩的な経営者になれる能力のある人を送りださねばならない。組合運動を自分たちの階級の者だけで力み返ってばかりゐては、労働階級の利益を守り通せない。[11]

これは当時の組合長・益田哲夫によるもので、組合の常任委員数名が職制の役付きに戻ったことに関連して、組合内部で「組合運動に熱がない」「出世主義ではないか」などの風評が立ったのにたいし、執行部として公式に反論したものである。

益田のいいたいことはこうであろう。職制は組合が排他的に独占しておくべきものではない。組合は積極的に職制を育成強化し、能力あるものは「進歩的な経営者」として会社側に送り出していく必要がある。こうすることによって会社の生産は上がり、組合員の生活権も擁護しうるのだ、と。益田の論法にたてば、職制の強化という課題はあくまで「我々」つまり組合側であることが前提になっている。

さきの議論と比べればこれは明らかに論理矛盾であるが、しかしこの背景にはこうした論理矛盾を容認するような矛盾的現実があったとみるべきだろう。というのは、そもそも生産復興をめざす組合運動が「日産人」との自覚のもとで始まったわけだから、職制機構が会社に帰属するか組合に帰属するかといった問題はこの段階では顕在化しようがなかったといわねばならない。そこには、形の上では職制は会社の指示命令機構でありながらも現実の生産復興の担い手は組合であるという、いわばタテマエと実質のズレがあったのであり、職制機構は両者の結節環に位置していたわけである。そうした状況下では職制の確立を、会社の責任だとして要求することも、あるいは組合じしんの課題だとすることも、同等の資格で併存しうる議論となろう。そこにある違いといえば経営陣にたいする信頼度だけであり、その信頼度が高ければ前者の主張に傾き、低ければ後者のいわば組合自立論に傾くことになる。いずれにしても、経営陣と組合との境界線はあってなきがごとしであり、両者は渾然一体となっていたわけである。

益田哲夫の回想

ずっと後になって――五三年争議のあとになってからだが――益田哲夫は、発足当時の組合について次のように回想している。

組合は「職制幹部の指導のもと」にあったが、「この職制幹部がみな良心的」で賃上げなども「まじめにたたかった」。ここで「良心的」という意味は、「経営者のヒモが全然ついていないこと」であり、「経営＝生産をどうするかについて真剣に分析をやり、職制層と共同して困難の打開をはかったということ」である。「組合発足から首切り反対闘争〔注・一九四九年秋の二〇〇〇人解雇にたいする反対闘争のこと〕ごろまでの組合幹部は、会社で日常活動を終えて帰宅すると、課長や職能代表を集めて十二時、一時まで経営分析を討議した」――と。(12)

この回想の中で益田が「職制幹部」と「職制層」を具体的にどう区別しているのかははっきり

しない。が、それはさておくとしても、ここで問題なのは、発足当時の組合が「職制幹部の指導のもと」にあったとしてあたかも「ヒモつき組合」であるかのような表現になっている点である。しかしこれは正鵠を得た表現ではない。そもそもその段階では、前述したとおり職制機構じたいが未確立の状態であり、したがって「経営者のヒモ」など初めからないに等しいのだから「良心的」かどうかも判断できようはずがない。

私が益田の回想についてこだわるのは、彼の『明日の人たち』（一九五四年六月）が、それじたいはきわめて誠実な著書ではあっても、結果として歴史の実像をゆがめていると思えるからだ。あるいは益田のような指導的立場の人間にとって、史実を客観的に描くのはむしろ第二義的であったのかもしれない。五三年争議に敗れ、目の前で立ちすくんでいる組合員たちに向かってどのようなメッセージを伝えるのかが、何よりも優先したのだろう。だからさきの表現は、一九五三年の「百日争議」のプロセスで組合が分裂し、その際の主勢力が部課長を中心とする職制幹部だったことから、益田が過去の歴史を職制幹部中心に再構成してしまったものといわねばならない。だが実際には、どの職制幹部も企業人ないしは職能人として日産の復興に加わっただけであり、また組合が生産復興を基本目標とするかぎり、職制幹部たちもこれに同調し期待をかけもしたのである。つまり結論としていえば、「職制幹部の指導のもと」にあったのは組合なのではなく、日産の職場全体がそうなっていたのであり、組合がそれを組織的に支えていたのである。いいかえればそれは、復興に向かって邁進するいわば生産共同体なのだった。

第二幕――亀裂の発生

一九四九年の大量人員整理

ではこの生産共同体は、その後どのような運命をたどることになったのか。

あらかじめ結論をいってしまうと、第一に一九四九年の大量人員整理を境に職制幹部たちが会社側に立つことによって共同体の関係は崩れ、そして第二に組合もまた「職場闘争」を全面に押し立てることによってその崩壊過程を促進させた。主な問題点を整理しておこう。

まず大量人員整理の背景となったドッジラインについてであるが、私はこれが、一九九〇年代不況下で日本およびアジア諸国を無用なまでの混乱に陥れた一連のアメリカ型グローバリゼーションと酷似する面があると考えている。

当時プランの策定にあたったデトロイト銀行頭取ジョセフ・ドッジが、政府による経済過程への介入を嫌う典型的な「自由経済論者」であったことはよく知られている。事実、総予算の均衡、企業へのいっさいの補助金の廃止、復興金融金庫による新規貸し出しの停止というように、企業を市場に投げ込んで競争をつうじた淘汰にまかせることがドッジラインの眼目であった。一九九〇年代の世界が「規制緩和」と「市場競争」に彩られているのとそれは軌を一にするものであり、それが経済過程の現実を無視して安易に持ちこまれると破壊的に作用しかねないことはすでに実証済みである。

実は一九四九年の段階では、すでに日本の戦後インフレは収束し、むしろ深刻ともいえるデフレ状況に陥りつつあった。生産復興が戦前期の六割程度にまで回復していたにもかかわらず、国税庁が厳しい徴税をおこなったからである。いずれにせよ、物価の安定および生産の回復という面で、すでに日本経済は復興の軌道を歩み始めていた。結局ドッジラインは、安定に向かいつつあった日本経済にただ「厳しいデフレの追打ちをかける」だけの意味しか持たなかったのである[13]。実際、日本経済の復興のきっかけとなったのはドッジラインが効を奏したからではなく、五〇年六月に始まる朝鮮戦争のもたらした特需によるものであったことは周知の事実である。

こうしてみると日産における大量解雇は、トヨタ、いすゞの場合も同様だが、過酷な外圧のもとに強いられたいわば苦汁の選択という面は否定しえない。しかも会社側がその直前まで、後述するような組合との協同作業を通じて生産・販売の隘路を切り開こうとしていたことを想起すると、大量解雇を含む会社再建案の提示——それが安易な決断であったかどうかはともかく——に踏みきったことは、それまでの流れの延長上では会社としてももはや立ち行かなくなったことを意味している。

さて第二に、最も救われぬ形で犠牲となったのはいうまでもなく労働者たちであり、生産復興を率先して担ってきた組合であった。かれらが「恩を仇でかえされた」と感じたのも、無理からぬことだろう。

実は、大量解雇に半年先立つ四九年四月の経営協議会で、労使による「協同作業」を実施することが決定されていた。主な課題は残業問題について労使が協同して実態を調査することであったが、調査の結果、残業が会社にとって経費の増大につながるばかりでなく、定時間内の作業がルーズになって効率の低下をもたらすことが具体的に明らかになった。この調査結果を受けて同年八月より残業は規制されることとなり、組合もこれに協力をするのである。しかも協同作業は会社内部の問題にとどまることなく、販売促進のための全国的な市場調査としても実施された。こうした努力にもかかわらず、日産の危機は深まってそれが大量解雇という形で組合に跳ね返ってきたのだから、組合側の驚きと無念さは想像をこえていよう。いかに会社が「話し合いによる円満な妥結」を望もうと、組合がストライキをはじめとする二ヵ月の長期闘争によってやり場のない憤懣を爆発させたのは、心情としては自然な成り行きだといわねばならない。

生産復興路線との訣別

人員整理をめぐる労使間の攻防の過程については、詳述は避けることにしたい。本稿の流れにとって不必要と思われるからである。いずれにせよ、人員整理は会社側の計画どおりに実施された。

ここで大事なのは、解雇撤回闘争を経験した組合がその「自己批判」をつうじて、それまでの協調路線から、会社との対決路線へと大きく転換したことである。益田哲夫は次のように述べる。

首切り反対闘争は、二〇〇〇人のギセイ者を出したという大きな傷手を負いながらも、幹部組合から労働者大衆の自主的組合に切りかわる転換点となり、いままでには見られなかったほんとうの、下からの大衆行動の中から職場交渉と青年部の独自の交渉が生まれてきた。……職場討議ということが、一つの力としてのしあがってきた。各要求は職場でつくられ、職場で交渉され、職場で獲得された[14]。

このように今や職場要求・職場闘争が運動の全面に躍りでて、逆に従来の生産復興の課題は後景に退けられることとなった。別の箇所で益田はこれを、「職場で組合活動と生産活動とを表裏一体のものとすること」と表現しているが、組合要求が職場を基礎につくられるのであるからそれは当然ながら対職制闘争となる以外になく、したがって従来のような労使協同による生産復興運動は困難にならざるをえない。このことはまた会社側にとっても、もはや組合に依存することなく独自で生産復興を達成する「自立体制」が必要になった、ということでもあった。この時点で、組合発足当時から維持されてきた企業ぐるみの生産共同体は終焉を迎えることとなったのである。

こうした組合方針の転換について益田哲夫は、「労働者大衆の自主的組合に切りかわる転換点」と積極的に評価したわけであるが、ここには改めて考えるべき問題点がある。

実は大量解雇が打ちだされるつい四ヵ月前、組合は大会の場で「労使協同の作業（いわゆる恐慌対策）を今後も継続する」ことを決定したばかりであった。そのことを考えると、職場闘争路線の選択があまりに唐突であり、それまでの基本方針があまりにあっさりと切り捨てられたとの印象はぬぐえない。もちろん、組合の転換を強いたのは会社による大量解雇の事実であり、そこにおいて多くの職制幹部が会社側組織としてふるまったことであった。しかし、生産復興の課題の重要性は争議後であっても依然として存在したはずである。にもかかわらず、新たな段階における生産復興運動がどうあるべきかという課題は、ほとんど検討の視野のなかからは消えてしまったといっていい。

よく知られるように、一九五三年「百日争議」のあと組合は、会社が組合をあたかもレールの上を走らせるかのように計画的かつ矢継ぎ早な手を打ってきたことをもって、会社側の一連の対応を「レール戦術」と表現した。だが四九年以降の流れをみると、このレール戦術の登場は五三年争議が初めてというわけではなかろう。〈大量解雇における職制幹部たちの組合離れ→それへの直接的対応として組合の職場闘争路線への転換〉というプロセスが物語るように、組合の路線転換は争議の力学がもたらした結果にすぎず、その意味ではすでにこの段階で組合は会社の敷いたレールの上に乗り始めていたとみるべきかも知れない。

だがここでひとつ付言しておけば、運動がレールの上をひたすら滑っていくような事態はこの日産の例に限らない。運動主体が争議の力学の中に入り込んでしまってその場その場の対応に追われ、そのために戦術が無自覚なまま極限にまでエスカレートしていった事例を、私たちは他にも数多く知っているはずである。運動のいわゆる高揚期に過激な戦術がつねに主導権をとることは、いわば「鉄のごとき法則」だといっていい。

「経営権」と経営協議会

では、なぜ会社側はこの段階になって組合とはっきり一線を画すようになったのか。その背景は何なのか。

一九四八年四月に日経連が創立され、これが「経営権」をめぐる問題がにわかに登場するきっかけとなった。

だがこの経営権の概念じたいは、必ずしも法的根拠に裏づけられた明確さをもつものではない。日経連の「創立宣言」によると、「労資が経営権と労働権を相互に尊重し、それぞれの職分の下に、こぞって救国の事に当たらなければならない」と述べられているように、経営権は経営者の「職分」として規定されている。ではなぜ経営者の職分の明確化があらためて必要になったのか。同じ「創立宣言」によるとそれは、経営者たちが「聊か自失無策の状態に陥り、経営者本然の立場において、正常な経営権の行使に遺憾の点のあったことは、否めない事実」との反省があったからである。いいかえればそれまでの組合主導による戦後復興では、労使間の職分の境界が不明確であったがゆえに「正常な経営権の行使」があったとはいえないというわけであり、したがって日経連は経営者たちにたいしいわば失地回復の必要性を訴えているのである。そして山本浅悟・日経連労務管理委員会委員長は当時、「初めから経営権の概念規定にとらわれるよりむしろ労働組合の関与を認める個々の条項を制限列挙的事項として掲げ、それ以外はこれを経営権の範疇として専ら経営者の責任に属することを確認する如き規定を設ける」[15]べきことを強調し、つまり具体的にはまずもって労働組合の関与しうる範囲を明確にすることが先決だとした。

ここで注目すべきことは、このように日経連の主張する経営権の内容がそれじたいとしては無規定かつ無内容だった点である。要するに組合の権限にたいし制限を加えることが主張されているだけであり、経営権はたかだかその残余の部分として規定されているだけだからである。経営者の責任とは何か、組合の関与すべき分野は何なのか、といった労使間の「職分」について原則的に双方で合意する手続きは、ここにはない。労使関係についての原則的合意を欠けば、現実を支配するのが「力関係」だけになるのは当然の成りゆきだろう。当時にあっては労使ともどもそうした余裕がなかったというのが実情だろうが、それにしても戦後の日本は、労使関係がどうあるべきかについての明確な基準を持たぬままスタートしたことになる。

　さて日産に目を戻してみよう。日産で締結された労働協約（一九四六年七月）には、経営権に関わるいくつかの項目がみられる。重要なものだけを拾いだしてみよう。

（1）従業員の解雇および賞罰に関しては会社は組合の承認なくしては行なわない。

（2）従業員の採用および異動、役付き従業員の任免その他重要人事に関しては会社は組合に事前の了解を求めることを要す。

（3）会社は賃金、給与および就業、勤務等に関する規定および制度の制定・改廃については組合の承認なくしては行なわない。

（4）会社は職制の制定および改廃に関しては組合に事前に了解を求めることを要す。

（5）会社は経営に関する重大な変更または資産の転用中組合に利害関係のあるものに関しては組合に事前に了解を求めることを要す。

以上のように、経営・人事に関する事項はほとんど組合の「承認」ないし「事前の了解」を要することになっており、これは当時の多くの企業にも共通していた。

とくに注目すべきは「経営協議会」に関する規定である。経営協議会は会社・組合双方の代表からなるが、それによると「協議会で決議し会社・組合双方の承認を得た事項に関しては会社は責任をもって実行し組合はこれに協力する」と明記されているように、経営協議会は「決議」し労使「双方の承認を得」る場となっている。これはいうまでもなく、経営協議会が同時に団体交渉の機能を合わせ持っていたことを意味する。いいかえると当時の経営協議会は、経営に関するほとんどの重要事項がそこに持ちこまれ、しかも組合の承認ないし了解が得られなければ会社としても独自に行動するわけにはいかない仕組みになっていたのである。そして日産では、こうした仕組みが四九年大量解雇の直前まで大枠として機能していたといっていい。

経営と組合の境界線

組合はこのような広範囲な権限を持っていたわけだが、しかしここにも基本問題が伏在していた。先のような状態は一種の経営参加だといっていいが、肝心なのは、ほんらい経営参加の場合には、組合が経営から組織的に自立していることが前提条件となるということである。事実、とくに四八年に入って経営権が主張されはじめたのに応じて、組合側にも組織の「自立」にかかわる問題が浮上するようになった。組合専従者の給与はどこが支払うべきか、組合員の範囲はどこまでか、時間中の組合活動は許されるのか、等々といった組合活動の範囲をめぐる諸問題がそれである。

だが、これにたいする組合側の対応は「既得権の擁護」という一語につきるものだった。しかも、なぜそれらが既得権として擁護されねばならないのかについて、組合側の理論的説明はどこにもみあたらない。つまり組合運動が獲得してきた諸権限は無条件に守りぬかれるべきであり、したがって組合活動の幅を狭めようとするための法規改定もまた無条件に「改悪」だとされただけなのである。

しかし組合専従者の給与、組合員の範囲、時間中の組合活動などの問題は、組合が自らを律すべき「自治」に関わる基本問題であって、組合じしんが独自に回答すべき性格をもっている。では日産ではどうであったのか。これに関して、組合機関紙は次のような興味深い意見を掲載している。(16)

［組合専従］給与の項目だけを切りはなして考える事は出来ないが……私は組合員が負担すべきだと思いますが、実際問題として今すぐ払えるでしょうか。乏しい給料はその日の生活すら維持不能なのに、渋るのは本音であると思います。私たちが保護され安定しているならば少なくとも専従者給与は喜んで負担するでしょう。一方において賃上げは絶対に駄目、税金物価は上がる、この中から又払えとは良くも考えた立派な法律であると思います。

ここで述べられている内容はこうだ。労働者の生活が安定しているならば、組合専従の給与は組合員が払うべきものである。しかし労働者はその日の生活すら維持不能な状態におかれており、専従者に支払う余裕は全くない。そのことを無視して労働者に無理じいするのは許されない、と。

たしかにここでは、専従者給与はほんらいなら組合員が負担すべきだとする原則は正しく踏まえられている。問題は、この原則が適用されるか否かは労働者の生活状態しだいだ、とされている点である。だがこれは、典型的な「総論賛成・各論反対」タイプの議論であり、組織原則をめぐるものとしては説得力に乏しいといわざるをえない。自ら律すべき原則であるにもかかわらず、会社にたいする既得権という脈絡のなかで、結局は原則が棚あげされてしまっているからである。

先の意見は投稿であり、したがって組合執行部の公式見解というわけではない。だが執行部がこのような意見をあえて掲載したのは、こうした内容の本音が決して少数意見ではなく、そればかりか政府の労働法規改定をすべて「改悪」ととらえていたことと軌を一にするものとみていいだろう。

すでにみたように、日経連が主張した経営権は、何よりもまず労働組合の関与しうる範囲を明確化することを強調したものであって、経営権の中身じたいを積極的に打ちだしてはいない。また組合の側は、組合専従者の給与支払い問題を含め労使の力関係の固定化を「既得権」の名のもとにこだわりつづけた。つまり労使双方がそれぞれ自立に向かおうとする場合、お互いの境界線をどこに引くかが重要問題になるはずだが、社史および組合機関紙をみるかぎり、その点を労使相互の理性的な対話をつうじて解決しようとした形跡はほとんど窺われない。こうなると、事態を動かすのは対話を基調とする労使関係ではなく、現実の力関係をモメントとする運動力学のみだということになる。

第三幕――崩壊への道

人事権への実力介入

日産の組合が職場闘争を強調するようになった一九五〇年代、運動の急進化は機関紙上にもはっきり反映されている。それを如実にあらわしているのは経営協議会に臨む際の組合側の態度である。

四九年大量解雇以降休止状態になっていた経営協議会は、五一年秋にようやく再開されるにいたったが、そこにはもはや労使が冷静に対話する雰囲気はなかった。たしかにその場でも、たとえば当時の電力事情の悪化や今後の生産計画などが議題となった。しかし組合は当初から、「経協に関する会社の意図はどうあれ、組合としてはこれを闘争の場である」との構えで臨んでおり、経協は組合側が一方的に主張する場となった。組合側は、今後の労使協同作業を進める際に「[会社が] 妨害を加えるときは組合の徹底的反撃に遭うべきことを重ねて明らか」にしており、また電力事情による労働条件の悪化についても「既得権以下には絶対に下げるべきではない」と厳しくクギを刺している。

これを報じた組合機関紙は、会社の姿勢を「経営サボ」「働く者を無視した独善的経営」と断じているが、これは明らかに会社との対決姿勢を組合員たちに示そうとした表現である。[17]

しかし事態はそれにとどまらない。組合の職場闘争は会社人事を左右する事態さえ生みだしたからである。こんな事例を紹介しよう。

四九年争議の際、組合は各課長にたいし「解雇通告撤回に努力する」旨の確約をとる職場交渉を一斉におこなったのであるが、M課長は「人員整理は正しいことなので自己の信念としてもやりぬく」として確約を拒んだ。職場は全員でM課長の「不信任」を決議し、その最終処理を組合執行部に委ねることにした。労使間で交渉が行なわれたが、会社側は「人事に組合が干渉することは許されない」として、新設された課にM氏を再び課長として任命し配属した。だが、ここでもM氏の受け入れに反対の声が上がり、組合員たちはM氏の課長としての命令を拒否しつづけた。[18]

こうして今や、会社が行なう人事異動さえも職場闘争の標的となったわけだが、それは、組合の言動に従うか否かが一種の踏み絵と化すことでもあった。

職場討議の低迷、組織の危機

五〇年代の組合機関紙をみて、気がつくことがもう一つある。それは運動の急進化とは裏腹に、職場闘争ないし職場討議の停滞を指摘する記事が目につくことである。いくつか例をあげよう。

(1) 最近職場闘争が軽視される傾向がないだろうか。……［全自動車が］中央交渉をやるとしても、それに職場の態勢をどういう風に盛り上げて行くのかの慎重な闘いの組み方の研究が必要だ。最近は交渉がもたれても、それと職場討議のテンポがあっていない様だ[19]。
（2）〝統一闘争〟という様な難しい闘い方をするには、現在の情勢や判断が余程綿密に職場に徹底されないと、どうしても一部のものに引っ張り回されて居るという感じや、無駄にストライキばかりやっている様な感じが出て来る。之をハッキリさせてやるのは職場討議しかない。最近の職場討議には常任委員の入り込み方が一般に足りないのではないか[20]。
（3）率直にいって、余りにも多くの問題を執行部は背負いすぎるし、職場もまた、自分達の職場闘争をやらずになんでも執行部に持ち込んで交渉して貰うという態度が強すぎるように感ぜられる。このような状態は、過去においても闘争請負い主義としてその克服が必要だと批判されたが、現在再びこの傾向が現れ始めている[21]。
（4）［五月連休の］休みが多くて職場討議の時間がなかったことにもよろうが、テンポが早くてついて行けないという声が多い。［執行部の］具体策につき絶対反対だという意見は少ない[22]。

これらを読めばすぐわかるように、今や「全自動車」という産業別組合の中心部隊となった日産分会は、一方では指導的人材をそちらにも割かれ、他方では過重ともいうべき任務を抱えこんで、肝心の職場討議が運動テンポに追いつけなくなったと思われる。運動の広がりと急進化が、かえってその組織基盤を空洞化させていったとみるほかはない。

むろん執行部もその点には充分気づいており、次のような危機感を表明している。

「労働組合の組織は率直に言って現在少なからぬ危機を内包しており、それが組織に対する無関心、更には意識的な軽視又は無視等、さまざまな現象となって表れている。この現象の根底には色々な主張の相違や、誤解、不信が横たわっている……」と。

これは五三年争議よりも二年先立つ一九五一年九月一日発行の「日産旗旬報」に掲載された二面トップの大型記事である。そしてここには、組合内にあらわれている諸傾向として、

（イ）職制の仕事と組合運動とは一致しないのだという考え方について
（ロ）闘争を忌避する人びとについて
（ハ）政治闘争は不可という見解について
（ニ）個人は自由であり組合には強制する権利はないということ
（ホ）労働運動評論家的な人びとについて

という見解を列挙し、これら一つひとつにたいして反論を加えている。いうまでもなくこれは、運動を意識的・無意識的に阻害する傾向がもはや無視しえぬほどまでに成長していたことを窺わせる。にもかかわらず、こうした傾向を生みだした原因や責任については、「執行部を含めた組合員全体が負うべきもの」と抽象的に述べているだけで、したがってその打開策も抽象論に終わったままなのである。

ここで益田哲夫の次のような述懐をご覧いただきたい。

［組合は］組合活動の大衆化と改善にはあまり力点をおかず、職場では、職場委員長の権限が大きくなり、反対意見をしゃにむに抑えつけ、力ずくで承服させるクセがついた。こんなてい

たらくでは、意見をだしてもとりあげてはくれないんだから、だまっていた方がいいさといった声もでてきたのである。

執行部は、いわゆる要求をつくりあげることばかり熱中して、要求の下にある職場労働者の生活のなやみと悲しみといっしょにとけこみ、その中から血のかよった真の要求をすいあげ、それを組織するまでの過程の努力をおこたった。[23]

組合指導者として痛恨の述懐というほかないが、実はこの述懐は五三年争議に敗北して一年後、つまり組合が少数派に転落した頃のものなのである。だがこの率直な反省はあまりにも遅すぎた。実際には職場内の亀裂や空洞化の萌芽はすでに五〇年代初頭から観察できたのであり、五三年争議はそれを劇的に表面化させたにすぎない。それほどまで早期に、そして深々と、組合は運動力学の中に嵌まりこんでいたわけである。

カリスマ的指導とその陥穽

こうした危機的状況にもかかわらず組合が既定の路線を走り続けえたのは、ひとえに益田哲夫という卓抜な指導者の存在があったからである。東大出身というエリートの益田が、カミソリ型の頭脳と弁舌で経営陣のエリートたちを次々と権威の座から引き降ろしたわけだから、彼は労働者にとってカリスマとさえ映り、事実マスコミ関係者から組合は「益田学校」と呼ばれるほどだった。彼が歩んだ人生について「なぜ益田のようにまともな家に育った男がこれほどまでに疎外意識を持つようになったか」という問は実に興味深いが、ここでは立ち入らない[24]。いずれにせよ組合は、万が一益田哲夫という求心点を欠けばとたんに解体しかねないきわどさのなかにあった。この点を指摘した証言を次に紹介しよう（要点のみ。なお原文では益田名が仮名になっている）。

［益田の］争議指導は一個の芸術品のようなところがありました。押せるところまで押しまくる。その時点では一切妥協を許さないように見える。そして、このあたりが限界だとみると、あざやかに退いてまとめてしまう。

この手際はみごとというほかなかった。が、このことが思わぬ陥穽になっていたように私には思える。一つは、これは相手方が組合の存在までは抹殺しようとはしていなかった時期だから可能だったのではないか。それなのに労働者は、その手際のよさに魅了されて、しだいに益田さんのいう通りにやっていれば間違いないんだと信じ込むようになっていった。この依存心は危険ですよね。

日産の組合の団結の強さと思われていたものは、実は益田さんという一人の飛び抜けた指導力を持つ幹部に対する依存心の裏返しではなかったか。最強力の戦闘的な組合といわれながら、後に意外なもろさを露呈するのは、こういう一面もあったと思います。ともかく、益田さんは献身的に努力した。だが、その並はずれた頭脳は益田さん自身の、そして組合の悲劇を呼んだように思えるのです[25]。

益田の「献身的な努力」については、私じしんの聴き取りでも、疑問をさしはさむ人は全くいなかった。と同時に、益田の一貫した反権力の姿勢や情熱にもかかわらず、彼が何を考え、何をめざし、何に苦悩していたのかといったその内面については、周囲にすら誰も知る人がいないのである。組合の未来の見取り図は、執行部を中心とする組織として共有されるのではなく、ひとり益田の頭脳のなかにのみ描かれていたといっていい。ここに「組合の悲劇」があった。

こうしてみると、一九五三年争議とそこにおける組合分裂は、突如として組合を襲った不可抗力的な激震だったとは必ずしもいえなくなる。急進的な職場闘争路線への転換がそれじたいとして組合組織の空洞化をすでに引き起こしていたのであり、そこにいったん経営陣が一歩も引かぬ対決の意志を固めて行動を起こすや、益田の「芸術品」のごとき闘争指導は麻痺し、組合は肝心の求心点を失って解体にいたった――こう考えた方が正確ではないだろうか。

エピローグ

日産における労使関係を考えるには、以上の経過の後日談を忘れるわけにはいかない。

一九五三年争議の過程で第二組合として誕生した日産労組は、周知のように六〇年代から塩路一郎会長の時代に最盛期を迎え、日本の民間労働組合の中心的な地位を占めるまでにいたった。だが塩路のリーダーシップは八〇年代半ばをもって終止符を打った。その意味するものは何なのか。

戸塚秀夫氏を中心とする研究グループは、八〇年代半ばまでの日産労組の軌跡を、「日本の企業別組合にとってのひとつの極限」であると位置づけている。というのは、日産労組は「日々の現場での生産・労働のあり方から国内外の経営戦略のあり方にいたる広汎な事柄について、組合としての独自の要求や見解を提示する主体にまでなった」からであり、より具体的には組合は「労使協議の充実をとおして経営権の一方的行使を制約する」ようになったからである。[26]

これを読んで読者は「おや?」と思われないだろうか。これは益田時代の話ではない。益田が指導する日産分会ではなく、それにとってかわった日産労組の話なのである。となると、日産経営陣は日産分会という火ダネを根絶したと思ったら、また別の火ダネを抱えこんでしまったことになる。そして事実はそのとおりだったのである。

日産分会から第二組合として分裂した日産労組は、六〇年代に入り文字どおり労使間の「相互信頼関係」を打ち立てた。日産労組の掲げる基本原則の冒頭には「立党の精神を忘れぬこと」と書かれており、五三年の悪夢をくりかえさないことが新たな労使共通の課題となった。いや、そうするはずだった。ところが奇妙なことに、日産労組の力量が高まれば高まるほど、その運動スタイルはかつての日産分会に酷似していったのである。事実、この二つの組合のイデオロギーには百八十度ほどの違いがあったが、組合による職場の掌握の仕方、職制人事への介入、そして組合民主主義の不在などといった点で、両組合はあたかも義兄弟のごとくであった。トップリーダーの益田も塩路も、ともに「天皇」と陰では呼ばれた。

それればかりではない。両者に共通するのは、運動が企業別組合としての「極限」に近づき、まさにそのことによって双方ともリーダーシップを失う結果となったことである。組合が肝心の職制層からの支持を失ったこと、程度の差はあれ組合運営にたいする不満や反発が一般組合員のあいだでさえ醸成されていたことも、共通している。たしかに塩路時代の終焉の場合には組合分裂もみられず、そのあっけなさは益田時代のそれよりもさらに顕著であり、あたかも「宮廷革命」の如しと表現してもいい。それは塩路が、益田時代のような根こそぎの大衆動員に徹することなく、アメリカ型ユニオニズムの直輸入により実験国家ならぬ「実験組合」をめざそうとしたその表皮性に原因があったと思われる。

結論を単純化して言い切ってしまえば、組合が経営権に肉迫しそれを侵食することは、かえって組合としての自らの内実を否定する結果をもたらした。それは、組合内部の共同性を破壊してしまうからである。そして日本の場合には、企業内組合の形をとっている以上、組合内共同性は究極的には企業内共同性に依拠せざるをえない。逆にいうと、職制を軸とする職場人間関係が動揺ないし麻痺するような事態、とくに職制機構の帰属をめぐって労使間紛争が長期にわたるような事態は、企業内共同性の根幹を揺るがし、結局は組合内共同性の崩壊へといたることになる。日産自動車における二度におよぶ労使関係の危機は、そのことを証明した。

〔注〕

1　私はかつて熊谷徳一氏とともに『日産争議1953』（五月社、一九八三年七月）をまとめたが、当時の私には、運動の当事者たる全自動車日産分会のいわば墓碑銘を書くことだけが念頭にあって、ここで述べたような問題意識はほとんどなかった。そのため分析の大枠は「善玉・悪玉」論ともいうべき通俗的かつ平板なものとなってしまった。しかしこれでは真実にほど遠くなるばかりか、何がしかの教訓を得るうえでも決定的に不充分である。

2 小堀桂一郎編『東京裁判 日本の弁明』（講談社学術文庫、一九九五年八月）三四ページ。

3 このへんの事情は江藤淳の衝撃的な研究『閉ざされた言語空間』（文春文庫、一九九四年一月）および『忘れたことと忘れさせられたこと』（文春文庫、一九九六年一月）に詳しい。

4 ヘレン・ミアーズ『アメリカの鏡・日本』（伊藤延司訳、メディアファクトリー、一九九五年七月）六七ページ。ミアーズは一九四六年にGHQの諮問機関「労働政策一一人委員会」のメンバーとして来日し、戦後日本の労働基本法の策定に携わったが、彼女は同書のなかで、これらメンバーのほとんどが日本についての知識を欠いており、「恐ろしいまでの無神経さ」で次々と政策が作り上げられ、したがって一貫した占領政策なるものが「本当にあったかどうかわからない」と述べている（同書五八ページ以降参照）。なおミアーズの同書はマッカーサーによって日本での出版を禁じられた。

5 竹前栄治・中村隆英監修『GHQ日本占領史』第三一巻「労働組合運動の発展」（岡部史信・竹前栄治訳、日本図書センター、一九九七年七月）七五ページ。

6 「日産旗旬報」（以下「旬報」と略す）第三一・三二合併号（一九四七年十二月二十一日）。

7 熊谷徳一・嵯峨一郎『日産争議1953』（五月社、一九八三年七月）三三ページ。

8 「旬報」第七号（一九四七年四月十一日）。

9 「旬報」第一五号（一九四七年七月一日）。

10 「旬報」第三六号（一九四八年二月一日）。

11 「旬報」第一四号（一九四七年六月二十一日）。

12 益田哲夫『明日の人たち』（五月書房、一九五四年六月）五ページ。

13 中村隆英『昭和史』Ⅱ（東洋経済新報社、一九九三年四月）四二八〜四三一ページ。
14 益田哲夫、前掲書、六ページ。
15 大河内一男編『資料戦後二〇年史（4）』（日本評論社、一九九六年十月）一〇四ページ。
16 「旬報」第七一号（一九四九年三月十一日）。
17 「旬報」第一四五・一四六合併号（一九五一年十月二十一日）。
18 「旬報」第一一一号（一九五〇年六月一日）。
19 「旬報」第一一三号（一九五〇年六月二十一日）。
20 「旬報」同右。
21 「旬報」第一二八号（一九五一年四月一日）。
22 「旬報」第一三二・一三三合併号（一九五一年五月二十一日）。
23 益田哲夫、前掲書、三四〜三五ページ。
24 益田哲夫の生い立ちや人となりについては、D・ハルバースタム『覇者の驕り（上）』（高橋伯夫訳、日本放送出版協会、一九八七年四月）一九九ページ以降に詳しい。
25 飯島光孝『朝《あした》、はるかに』（門土社総合出版、一九九三年四月）八一〜八二ページ。
26 戸塚秀夫・兵藤釗『労使関係の転換と選択』（一九九一年二月）二七〇〜二七一ページ。

第四章補論　日産自動車の職場調査

私の姿勢

一九七六年三月、東大社研・氏原正治郎教授を中心に「労使関係調査会」が発足した。当時、第一次石油危機の影響をまともに受けた日本経済は「狂乱物価」の状態に陥り、企業は「減量経営」へと突入していた。日本の高度成長期における労使関係がどのような転換を迎え、いかなる方向に向かおうとしているのか――これを探ろうというのが同調査会の課題であった。

私はそれに一年遅れて合流したのだが、他のメンバーとはスタンスがやや異なっていた。調査に関わる際の姿勢、調査をとおして得られた教訓と反省点がすべて私個人に属することをお断りする意味でも、私のスタンスについてはあらかじめ述べておきたいと思う。

その当時まで私は、研究者とはおよそ縁遠い世界で生きていた。六〇年代末の全共闘運動のさなかに逮捕され長期の公判を余儀なくされていた私は、何人かの仲間とともに労働運動に関心を向けるようになっていた。六八年フランスの「五月革命」、六九年イタリアの「暑い秋」が印象に強く残っていたからである。といっても活動は既存の諸組織と無関係にその外側で行なわれていたから、知り合った現場労働者と会って話を聞き相談に乗るといった、さながら手工業的ルンペン・インテリの生活であった。たまたま糊口を凌ぐためにある私立大学の非常勤講師になった折、私がすっかり更生したものと誤解された戸塚秀夫氏あたりが「調査会」に引っぱって下さったのだろうと推測するが、私はというと更生するつもりなどさらさらなかった。現場労働者たちのルサンチマンを晴らそうという明確な意図があって、これ幸いとばかりに「調査会」に加わったのである。のちにも述べるが、こうした心境は私の調査報告にもはっきり現れており、また苦い体験にもつながっていく。

自動車班の仮説

さて、私が加わったのは同調査会の「自動車班」（山本潔氏、上井喜彦氏）だった。両氏はすでに調査対象を日産自動車と決めており、予備的な聞き取りや資料収集が始まっていた。そして自動車班が温めていた作業仮説は実に興味深いものだった。

その仮説を要約すれば、「塩路一郎を頂点とする日産労組の体制は組合内のキャリア派とノンキャリア派とのバランスの上に乗ったものであり、低成長時代の到来によって両者の利害に食い違いが生じ、したがって塩路体制の変質ないし没落は必至である」というものである。

少し説明が必要だろう。日産におけるキャリア・グループとは学卒者のことで、かれらは組合活動を経験したのち会社側のポストに戻って昇進していく。これにたいしノンキャリア・グループとは、準直部門や直接部門に身を置きながら組合活動に専念する労働者たちで、これが日産労組の組織力の主たる担い手になっている。山本氏が苦労して描いた絵によると、今後これら二つのグループの上に乗っかった塩路体制はいわば股裂き状態に直面するだろうというのだ。

ふりかえってみれば、六〇年代初頭以降日産では「相互信頼的労使関係」が築かれていたが、その内実は例えばトヨタとは大きく異なっていた。トヨタをはじめ多くの大企業では圧倒的に経営者主導の労使関係となっていたのであるが、日産では塩路一郎というカリスマ的指導者を頂いて、組合が会社の人事権に介入するほどまでの強力な体制が築かれていた。六五年の日産・プリンス自工合併に際し、日産労組が組織力を総動員してプリンス自工の組合切り崩しに奔走したエピソードは有名である。これほど強力な日産労組にして「変質ないし没落は必至」とする予言めいた仮説に、魅力を感じないわけがない（そしてこの予言はみごとに適中することになる）。

山本氏が強調しておられたことだが、仮説は曖昧さを含まず、できるだけ率直なものがいい。仮説はいわば調査全体の指針であり、その指針に曇りがあっては作業の方向が分散し、結論もまた曖昧なものになるからである。集めたデータが「ゴミの山」になるか「宝の山」になるかは仮説しだいだ、と山本氏は言う。なお、場合によっては仮説と異なる結果に到達することも大いにありうるわけだが、その調査は仮説を越えたという意味で実り豊かな調査というべきだろう。

私が駆け出しの頃に山本氏から聞いた教訓的なエピソードを二つ紹介しよう。

一つは山本氏がパン職人の調査をした時のことだが、パン焼き釜の容量を示すのに「皿の枚数」

を用いることを知った山本氏は、近所のパン屋の主人に「お宅の釜は何枚釜ですか」と問うてみた。すると主人は大喜びで山本氏を招じ入れ、よくぞ聞いて下さったとばかりに次から次へと話をしてくれたという。的確な質問が調査にとっていかに大事かを示すエピソードである。いや、これは調査だけの問題ではない。いかなる対話でも、真の主役は質問の側なのである。

もう一つの話は調査者の資質についてである。山本氏によれば、あまり人づき合いのいい人間は調査に向いていないという。理由は、「分からないことがあったらまた会って聞けばいい」と安直に考えてしまい、面接への姿勢が曖昧になりがちだからだ。たしかに面接では相手に忙しい時間を割いていただくわけだから面接を気安く考えてはいけないのだろう。傾聴すべき教訓だと感じ入って聞いていたが、そのうち私にもだんだんわかってきた。要するに山本氏が私に言いたかったのは、「僕は人嫌いだから面接は主に君にやってもらいたい」ということだったらしい。かくのごとく優秀な調査者たるもの、自分の嗜好さえ理論的に語るくらいの度量がなければいけないのである。

質問票と面接

この調査には当初からひとつの困難がつきまとった。それは、日産労組に調査の依頼を行なったところ返答が梨のつぶてだったことである。事実上の拒否回答ということだろう。オモテが駄目ならウラから行くしかない。組合にお願いしてアンケートを回すことなどとうてい無理であった。私たちに残された選択肢は、何人かの現場労働者と慎重に面接し、様々な事実を掘り起こしていくことだけであった。

面接に先立って行なうべきなのは「質問項目」の作成である。いかなる事実が明らかになれば仮説が立証されるのかが問われるわけだから、質問項目づくりは山本氏と泊まり込みの作業となるほどの念の入れようとなった。なおその際、労働調査論研究会編『戦後日本の労働調査』（東京大学出版会）に盛られた豊富な事例が大いに役立った。

調査票は以下の三種類から成り立っている。

まず「工場票」だが、これは当該工場に関するフェース・シート、職場や組合機構についての規則・規定に関する部分である。しかしこの工場票はかなりの部分をあらかじめこちらで調べておくことが可能なので、面接の場では不明な箇所を補足的に聞くだけで充分である。

次に「職場票A」は、最近の職場での動きを中心に、職制機構、生産性向上運動（当時のP3運動）、賃金・労働条件、団体交渉、経協活動、就業規則などについて全面的に質問する部分である。また職場のレイアウトやいくつかの機構の説明には絵を描いてもらうことにした。

そして最後の「職場票B」では、職場労働者一人ひとりについて挙げてもらい、その人物像、職場での言動、思想的傾向などを可能な範囲で聞き出そうとした。

以上の調査票にもとづいて面接を行なったわけだが、その結果、予定どおり二工場五職場の労働者から話を聞くことができ、さらに幸いなことに本社事務部門の大卒者との面接も追加的に行なうことができた。しかも「職場票B」をつうじて、間接的ながら合計七十一名の労働者について情報をえた。

面接には何回か山本氏、上井氏にも手助けをいただいたが、主に私が質問し答えてもらうという形で進んだ。場所はいろいろである。面接相手のほとんどが私の知人ということもあって、全員が交替勤務の合間をぬって駆けつけてくれるなど、実に協力的だったのには今でも感謝している。なかには面接が実に八時間にもおよんだケースもあった。ある若い労働者は面接終了後、「これだったら会社の仕事の方がラクだったな」と苦笑していた。またお互いのやりとりは、むろん「秘密厳守」を約束し了解をえた上でテープに収録させてもらった。なおテープ収録は、特に初対面の場合には避けた方がいいように思う。現に私も別の機会には、相手の話をできる限り記憶に納め、面接終了後に大急ぎで記録した経験がある。いずれにせよテープ収録はあくまで補助的なもので、メモや記憶をメインとみるべきだろう。

さて、いよいよ面接だが、これがなかなか予想どおりにはいかなかった。「どこからそんな質問が出るんだ」と笑われたこともある。特に苦労したのは、労働者の話がどこまで正確な事実なのかを判断することだった。ある労働者は普段から日記をつけていて、質問をすると日記を見ながら「たとえばこんなことがあった」と答えてくれたのでその信憑性は高いと実感できた。多くは自分の記憶を頼りに答えてくれたが、なかには明らかにオーバーな表現の回答もあった。また、面接が終わってビールを飲んでいたさなか、「さっきあんなことを言ったが、実はね」と切り出されて酔いが吹っ飛んだこともあった。しばしばあったことだが、飲んでリラックスした頃に聞き逃せない大事な話が飛び出すことがある。調査者は、本当に酔いたければ一人で飲む方が間違いはない。

それにしても面接はおもしろい。うっかりすると調査者の立場を忘れて相手との話に耽ってしまうこともある。山本氏が「だから駄目なんだよ」と言うのも、こういうことを指すのだろう。

こんなエピソードがあった。

賃闘の時期に三週間ほど各労働者に職場日記をつけてもらったのだが、そのうちの一人の日記に、「部品を取り付けるのを忘れ〇〇台を分解し直した」といった記述が二回あった。そこで私は「三週間に二回というのはちょっと多いのではないか」と恐るおそる聞いてみたのだが、彼は全く悪びれた様子もなくこう言いきった。「いや、俺なんか正直に言った分だけいいんだ。なかには黙っている奴がいて、ファイナル・テストまで行ってクルマが走ったまま止まらないことがあった」と。「ま、こんな俺がつくっているんだから嵯峨さんもウチのクルマには乗らない方がいいよ」とまで言うのだが、彼はそういいながら明らかに日産車を愛していた。

面接の全体をとおしていえることだが、いずれの労働者もおどろくほど能弁に語ってくれた。考えてみれば、自分の仕事や職場生活について彼らが思いきり語る機会など滅多にないのだろう。それにクルマづくりに専念しているというプライドもある。こちらから迂闊に「単調労働」とか「疎外」などといった用語は使うべきではない。「けっこう工夫しなければいけないことがある」と反論されるのがオチだからだ。また本社事務部門の大卒者の聞き取りは迫力があった。概して労働者たちは組合執行部にたいし強い不満を抱いていたが、この大卒者の場合は、執行部の賃闘方針に執拗に反対したためあとで組合に呼び出され、「あんたの将来にかかわるぞ」と恫喝されるという生々しい体験があった。その話にさしかかると彼は顔を真っ赤にして大声で語りまくったので、山本氏も私も言葉を継ぐことができなくなってしまった。

記録の整理、調査の〝副産物〟

分厚い大学ノートびっしりの面接記録ができあがったが、しかしこのままでは使い物にならない。仮説に照らして何が要点なのかを腑分けし、論点ごとに整理していく必要がある。

私の場合、整理票にまとめあげることにした（表4）。方法は簡単である。横書きの罫紙を使い、左端に（例えば作業内容、職場構成、労働時間、作業速度、労働者の意見、組合役員選挙などといった具合に）上から下へと質問の主要項目を書き出す。そして面接記録を見ながら、各項目に対応した回答の要点を右側に書き込んでいく。ここで大事なのは沢山書き過ぎないことだ。この整理票は、いわば面接記録の「索引」だと考えればいい。とにかく面接結果を一覧できるようにするというのが整理票の目的である。こうした整理票を職場ごとに作成していくわけだ。

私は一枚の整理票（タテ型Ｂ４サイズ）に二つの職場を詰め込んだから、合計三枚になった。コピーを取り、三枚を横に貼り合わせ、これで整理票づくりはおしまい。何が便利かというと、各項目ごとに眼を横に移動すると職場どおしの共通点、相違点が一目瞭然になることだ。たとえば、同じ工場でも職場によって雰囲気はかなり違っていて、文字どおりライン・スピードに追われる職場もあれば、まるで町工場のような協働作業の職場もある。当然ながらそうした違いは、労働者たちのメンタリティや言動にも深く影響する。また大方の労働者が、職制（組長）に概ね信頼を寄せているのにたいし、組合役員（職場委員）にはかなり厳しい評価を下しているという姿も

表4　整理票

各職場の共通点と相違点	
一、職場の性格	①工程
	②作業内容と熟練度
二、最近の職場の特徴・変化	①職場構成
	②労働時間
	③交代制
	④生産量・作業速度
	⑤設備・人員の合理化
	⑥職制移動
	⑦賃金形態・水準
	⑧退職率
	⑨労災・職業病
三、今賃闘・一時金	①労働者の意見（特にブロック討議）
	②賃闘への評価
	③夏季一時金への評価
四、経協活動（P３を含む）	
五、就業規則及び苦情処理機構	
六、職場労働者の不満・要求	①会社への要求
	②組合への要求
	③参院選への反応
	④組合役選への反応
	⑤組合の未来について（全金プリンスへの評価）
七、思想・文化	

浮かび上がってくる、等々。私はこの整理票を数日間ながめ続け、気づいた点をこれまた一枚の整理票にまとめた。

残るは文章化のみである。ここで内容にまで立ち入る余裕はないが、とりあえずの結論を引き出した私たちは、面接に応じてくれた労働者にもう一度集まってもらい、中間発表会を持った。こうして調査の最終結果は、労使関係調査会編『転換期における労使関係の実態』（東大出版会、一九八一年二月）、山本潔『自動車産業の労資関係』（東大出版会、一九八一年五月）、拙著『企業と労働組合』（一九八四年九月）などにまとめられた。

以上の調査の過程で予期せぬほど感慨深い〝副産物〟があったので簡単に触れておこう。

一つは日産争議経験者の方々との出会いである。調査を進めていくうち一九五三年の日産争議のことが大いに気になったのだが、すでに資料は散逸したらしく、争議経験者の消息についてもさっぱりわからなかった。偶々ある研究会をつうじ、「日産旧友会」なるものがあって年に一度集まりを持っていることを知った。早速私も参加させていただいたのだが、四十人ほどだったろうか、神奈川県の温泉宿で酒を酌み交わしながら昔の思い出を語り合い、なかには真夜中まで激論を交わす方がたもおられた。私にとって感動的な出会いであった。

もう一つは日産争議の資料との出会いである。ある知人から「トヨタ退職者の方が資料を持っているそうだ」との知らせを受けた。すぐ飛んで行ったのだが、御当人からは「お見せするだけですよ」とクギをさされた。当時のビラやパンフが押し入れにびっしり詰まっていて、全部に眼を通すことなどとうてい無理だ。私もだんだん欲が出てきた。あの『三国志』ではないが、三日間通いつめてやっと御主人から「東大社研でマイクロに収めさせていただく」との了解をえた。さすが御主人はしぶしぶだったが、奥様からは「これで押し入れがさっぱりした」と感謝されたようである。翌日には運送業者が搬出する手続きまでして私はお暇した。

考えてみれば奇妙なものだ。日産退職者の手許には資料はほとんど残されていないにもかかわらず、なぜトヨタ退職者がそれほど大事に保存していたのだろうか。そのことをお聞きしたところ、実はそのトヨタ退職者は当時の全自動車日産分会にたいし批判的な意見を持ち、「いずれ真実が証明される時が来るだろう」との思いから資料を保管しつづけたのだという。こうしてみると歴史的資料というのは、実践の当事者というよりは、むしろその周辺で見つかるものなのかも知れない。

私の反省点

二十年後の今あの調査をふり返ると、学ぶものが多かった反面、大きな問題（あくまで私じしんの問題だが）もあったと感じている。

すでに第一章で述べたことのくりかえしになるが、私がいくつかの文章を発表するうち海外マスメディアから頻繁にインタビューを受けるようになった。情けないことに私は有頂天になって応じたのだが、できあがった紙面やらビデオの映像を見て戸惑ってしまった。私の話は全て、「貿易摩擦の原因は日本のアンフェアな労使関係にある」という脈絡のなかに嵌めこまれていたからである。組合民主主義に関する私の問題意識があまりにナイーヴだったことが、その主な原因であった。熾烈な国際競争戦という現実を度外視して「民主主義の不在」という側面だけを取り上げ批判する態度は、いとも簡単に諸外国の国益の脈絡に絡め取られてしまったわけである。身から出た錆とはいえ、これは私にとって苦い思いとなって残った。

　福田恆存は「民主主義の根本には他人に対する軽蔑と不信と警戒心とがある」と言い切っているが[1]、まさにそのとおりだろう。私じしんは民主主義者を自認しているが、かといって民主主義を理想的だなどとは全く考えていない。実際あらゆる政治の世界で「民主化」というスローガンは、民主主義なんぞハナから信じていない人間たちの都合のいい攻撃用武器の役割を果たしている場合さえある。民主主義にまつわる血なまぐさい話はソクラテスやヒトラーを持ち出すまでもなかろう。日本でも、労働組合のみならず、また政治的立場の如何を問わず、いざという時に民主主義を棚上げした事例は決して珍しくはない。となると、「これ以外のルールは見つからないからさしあたりはこれで行こう」ぐらいの構えがちょうどいいのではなかろうか。

　話を調査に戻すと、日産労組における民主主義の不在をただ外在的に論ずるのは、包括的分析としては明らかに不充分なものだった。いったんは日産労組の立場に降り立ち、なぜかれらがあそこまで思い詰めたような体制を築き上げたのか（しかも日産労組はあのような批判の存在をとっくに承知していた）、このことをその心性にまで遡って追求するのが理論というものではなかったのか。その点で、自動車班の一人・上井喜彦氏のお仕事は敬服に値する。冷静だった上井氏は恐らく私を横目で睨みながら自分の構想を温めておられたのだろう。上井氏は一連の作品において、いわば「抑圧型」一色にイメージされた日産労組の姿を修正し、その路線や運営方針のなかで読み解こうと努力された。というわけで長い眼でみれば、私たち自動車班三名のコンビネーションもなかなかのものだったわけだ。

最後に

最後に、調査者（研究者）と実践主体との「距離」の問題について触れておきたい。これも私が実際に経験し、今にいたるまで大きな宿題として抱えている問題である。

一般に調査は、対象への何がしかの思い入れがなければ行なえるものではない。特に対象が組合運動や社会運動といった実践主体となると、調査者の思い入れはそれだけ強くなりがちになる。いいかえると調査者と対象との距離が狭まるわけであり、場合によっては両者が一体になってしまう。だがこのことは研究者としての自立の喪失であり、実践主体の〝応援団〟への転落にほかならない。あるいは、しょせん実践者にはなりきれぬというニヒリズムを抱え込んだ、どっちつかずの境界人として歩みつづける道しか残されなくなる。

私の場合でいうと、それは理論上の視野狭窄をもたらした。つまり実践主体とその周辺だけに眼が釘づけされ、たとえば日産における経営と組合の分析そのものは蔑ろにされるか、せいぜい図柄を引き立たせる「地」として登場するだけとなった。いずれにせよバランスや包括性を欠くわけである。

くり返しになるが、調査はおもしろい。特に面接の相手と信頼関係をつくり、新たな事実と次々に出会うという経験は調査者にとって最高の喜びである。と同時に、理論や仮説はあくまで調査者独自のものであり、その責任は調査者じしんに属す。その意味で、度をこした密着や一体化は禁物だと思われる。

これからの若い研究者の方がたには、自由な発想で仮説を立て、私たちの世代が気づかなかったような社会の側面に光を当てて下さるよう期待している。

〔注〕

1 『福田恆存全集』第五巻（文藝春秋、一九八七年一月）四五一ページ。

第五章　労働組合の可能性

労働組合と被害者意識

ある組合ビラ

ここにご紹介するのは、一九七〇年代後半、ある大企業の労働争議のさなかに撒かれたビラの一部である。その争議では、人員整理をめぐって少数派の第一組合と多数派の第二組合との間で激しい対立が生じていたのであるが、このビラは多数派組合が少数派を指弾すべく出されたものである。なお固有名詞などいくつかの点についてだけ、表現を変えておくことにする。

「私たちは結成以来、良識が必ず勝つという信念に基づき、アパッチ集団の横暴に対して〝バカは相手にせず〟の姿勢を堅持してきました。仮病を使い、屁理屈を言い、虚勢を張って大声を出し、職場を混乱させてきた第一組合が、今回の経営危機をまねいた大きな要因であることは明白です。経営トップは責任を持ってアパッチ共を全員追放すべきであり、今こそ私たちは豚共と全面対決しよう！」

「第一組合は高齢者・怠け者を集め組合を作って、組織的不平等扱いをされたと主張している。ゴネ得を狙って居残る強欲爺や勤労意欲のない者が便所掃除等の雑役に回されるのは当然だ。

［彼らは暴力を受けたと言っているが］同じ職場で働いている仲間または上司に『真面目に働いているやつに迷惑だ』『給料泥棒』『やめてしまえ』等と言われるような人物は、こずいたり、足で蹴りつけるなどする程の値打ちもない。本当に暴力行為が行われたら警察が調べるはずである。」

争議の背景を手短かに説明しておこう。

会社側が解雇を骨子とする「再建案」を発表したのにたいし、社内の二つの組合は正反対の態度にでた。少数派組合はこれにまっこうから反対してただちに闘争体制に入ったが、多数派組合は会社案に「理解」を示して基本的にそれを容認した。当然の成り行きではあったが、希望退職や解雇に応じた従業員の多くは多数派組合に所属する人たちであった。こうなると多数派の腹の虫がおさまらない。多数派は「諸悪の根源は少数派にあり」とばかりに連日のように組合員を動員し、少数派組合員にたいし「こずいたり、足で蹴りつける」などの暴力行為を行なっていた。先のビラは、そうした行為にたいする第二組合としての釈明の意味を持っており、事態の責任はあくまで第一組合の側にあるという内容になっている。

ここで問題にしたいのは事の当否ではない。文面そのものである。読む者に奇怪な印象を与えるのは、公的な印刷物にしては眉をひそめたくなるような表現、もっといえば喧嘩の時に子供が使うような表現が全体にちりばめられている点である。諄々と論理を説くよりも、感情をぶちまけるといった中身である。しかし当時の背景を考えると実に不思議なのだ。というのは、多数派は少数派の十倍もの組合員を擁する圧倒的勢力であり、また人員整理をはじめとする会社再建案も多数派組合の協力を得てほぼ順調に進んでいたからである。苦闘する少数派を尻目に着々と自らの路線を実現しつつあった多数派組合にしてみれば、まさに「バカは相手にせず」と喝破していればいいはずなのに、なぜあれほどまでに神経質になり、ボキャブラリーを総動員して相手を罵倒する必要があったのか。どうみても、あっけらかんとしておらず、まるで「自分たちこそ被害者だ」と主張するかの如くである。そう、あの文面を特徴づけるのは、根深い被害者意識の感情にほかならない。だが、外見上は文句なしに勝者の側に立った組合と、この被害者意識とは、どのようにつながるのだろうか。

ヒロイズムと被害者意識

かつて私はある自動車企業の職場調査にたずさわったが、そこで遭遇したのもこれと似たような事例であった。

その自動車企業でも、過去の経緯から少数派グループを抱えつづけることになったが、一九六〇年代の一時期を除いて組合相互の対立は基本的に治まっており、多数派組合の主導権は揺るぎないものとなっていた。事実、組合は会社の人事政策や経営政策にたいしてさえ強力な発言権を有しており、そうした組織基盤を背景にその影響力は自動車業界全体におよぶほどであった。

ところが、その組合の職場活動をみるとこれがまた異様なのである。というのは、組合執行部が一般組合員にたいし何かの賛否を問うような場合、いかなる「反対」の態度をも容認しなかったからである。それが最も顕著にあらわれたのは組合役員の選挙においてであった。

一般の組合員が自分の意志で立候補することはまず許されない。定員枠どおりの候補者が発表され、組合員たちは信任するかどうかを判断するだけである。しかしその信任投票も各自が自由に考えて行なえばいいというわけではない。なぜなら組合員が投票用紙に書き込んでいるのを、目の前の役員たちがじっと監視しているからである。私がインタビューした労働者のなかには、あとから組合役員に呼び出されて「なぜ反対したか」と問い詰められたケースさえあった。選挙とは名ばかりで、内実は翼賛投票である。したがって選挙結果も知れたもので、いずれの候補も満票ないしほぼそれに近い得票で当選するわけである。

私の知るかぎり、その組合ではこうした事例は枚挙にいとまがないほどだった。春闘に際して執行部の提案にたいし、執拗に食い下がったため組合役員から恫喝をくらい、ついに採決では賛成に回る以外になくなったという話を、私は大卒者の事務職員から直接聞いた。また、ある少数派グループの面々が役員らの集団から白昼ボコボコにされるといった事態を見聞きしたこともある。

もちろん私たち研究者の間でも、この組合民主主義の不在ともいうべき事態をどう評価すべきなのかはよく話題になった。なかには、これを「ファシズム」と形容する研究者もいた。そうとまでは言わなくとも、多くがそこに全体主義の悪臭を感じ取ったことは事実である。いずれにせよあまりに異様なので、ある研究者が組合役員にたいし「組合内には民主主義がないとの苦情を聞くことがあるが」と率直に質問したことがある。そうした事情については役員も承知していたようで、「会社に甘くみられないためには組合は一枚岩でなければならないのだ」というのが返答の主旨だった。また、「シロアリを放置すればいつかは屋台骨をやられてしまう」との判断もあったようだ。それはそれで理屈ではある。だが、意見の異なる組合員をシロアリと同一視し、役員がその退治に熱中したあげく組合員たちの反発を買ってしまったのでは、かえって組合の結束を内部から掘り崩す結果になりはしないか——この疑問はいっこうに解決されなかった。

実はその同じ頃、私たちは別のライバル企業の調査も行なったのだが、そこでは組合民主主義はごく普通に保障されており、「われわれの組合ではどんな時にも一割前後の批判票があって、これが大幅に増えたりしないよう運営している」との話を聞くことができた。となると、たとえ組合が一枚岩でないとしても、批判票の動向を目安に組合運営をしている方がはるかに柔軟で健全ではないか、という当然の結論にいたらざるをえなくなる。喩えていえば銑鉄と鋼鉄の違いである。銑鉄はたしかに硬いが、鋼鉄のような柔軟性に欠けていて脆いのだ。

当時はこれ以上の問題の掘り下げはできなかったのであるが、しかしのちにふり返ってみて、ヒントが私の体験のなかにあったことに気がついた。それは私じしん、口先は別にして腹の底では民主主義を徹底的に嫌悪した体験があったからである。

私が大学院生だった頃、東京大学で学生の処分問題が発端となって、半年以上にわたり全学部のストライキが続いたことがあった。そのうち大学側が処分を撤回するなど次々と譲歩を重ねるにおよんで、全共闘がストを続行する大義名分は薄れていった。当然のように、「学生大会を開いてスト解除を決定すべし」との声がわき上がる。全共闘は追いこまれる立場に立ったわけだが、私はというと、スト解除の意見には絶対反対だったばかりか、そもそも学生大会を開くことじたいにも疑問だった。私の言い分はこうだ。われわれは連日の泊まり込みまでしてバリケードを維持してきたのにたいし、スト解除を叫ぶ学生たちは闘争にほとんど関与してこなかったではないか。卒業の時期が差し迫ったという個人の事情でストを解除せよなどというのは無責任きわまりない。だいたい採決の時だけやってきて「スト解除」に手を挙げるような連中に、なぜわれわれと対等の一票を与える必要があるのか——今から思うと気恥ずかしいほど過激であるが、当時の私の心境はそんなものだった。今流にいえば、「一票の重みが違う」というわけである。

自らは傍観者を決め込み、事態の成り行きをただ外から眺め、自分の都合が悪くなったらあわてて水をかける側に回るスト解除派、これはやはりエゴイストというほかはなかろう。だがそれと同時に、もはやストを続行する根拠が薄れたにもかかわらず、日常生活に回帰するのを嫌がってストに固執するという私たちの側も、別種ではあるが立派なエゴイストには違いなかった。闘争のような生活に長く身を置いた者にとって日常生活が軽蔑の対象になってしまうのは、かのプロレタリア文学だけの話ではない。いや、日常への回帰は自己の恐るべき否定となってしまうのだ。こうした心情こそ本質的に消極的な自己防衛にほかならないのだが、こうなると今度は新たな大義名分を探し回り、外見だけは派手なヒロイズムに活路を見出す以外になくなる。末期症状とはこんなものだろう。「相手のエゴイズムにも何がしかの理はあるさ」ぐらいの余裕を持ち、最終的には民主主義の形式によって決着をつけるといった発想は、当時の私にはなかった。そもそも民主主義というのは相互不信を前提としたルールなのだから、妥協による決着を排したら残るのは暴力の道しかないはずなのだ。

外見上の尖鋭化と内面的な被害者意識とは、こうして立派に結びつきうるのである。

労働組合の不安の背景

さて、先の組合の話に戻ろう。

民主主義を否定した組合にたいし、これを「ファシズム」と呼ぶのはたやすい。しかしそれは、イデオロギー的な烙印を押して思考停止してしまうという点で安易であり、さらに已れこそは血統証明書つき民主主義者であると観念的に決めこむ点で欺瞞的でさえある。実は先のような組合の例は、イデオロギー的に右か左かを問わず、歴史上、数多くみられたのである。いずれも組合役員たちは大まじめであり、まじめであればあるほど被害者的になり、場合によっては「光栄ある孤立」への道を歩むことにもなる。戦後日本でしばしばみられた《組合分裂→少数派組合への転落→敗北》というコースはその典型である。となると大事なのは、はたして日本にはそうなりがちな背景があるのかどうか、あるとしたらそれは何なのかを問うてみることだろう。

被害者意識とは、いうまでもなく自分を被害者であると思いこむ心理、自分が孤立していて四面楚歌の状況にあると思いこむ意識のことである。あくまで意識の問題だから、客観的にみて自分が被害者なのかどうかは問題にはならない。あくまで主観的な受けとめ方の問題である。だから被害者意識を持つ人間が実際には加害者としてふるまうことが、場合によっては大いにありうる。土居健郎氏はこれを、例によって日本人に固有の「甘え」の感情に結びつけて説くのであるが、これではあまりに具体性に欠けるばかりか、逆に数多くの反証を招きかねない。

被害者意識に特徴的なのは、自己と世界との関係に関する了解、つまり自己の領分（俗っぽくいえば自分の「取り柄」のこと）に関する了解が欠落している点である。人間だれしも欠点だらけの存在であるが、しかし誰にも必ず何がしかの取り柄や持ち味はある。そもそも長所といい短所といい、同じ個性の呼び換えにすぎないのである。その点が明確にさえなっていれば、生き方や将来像について自分なりの基準や見通しを持てることになり、いたずらに孤立感や被害者意識に陥る必要はなくなるはずであろう。

労働組合についてもこのことは当てはまる。実は、日本の労使関係の歴史を通覧してみると、労と使の境界線、両者それぞれの領分がきわめて曖昧であり、したがって両者間のルールも固定していないのである。この点は日本の労使関係の宿命的な性格といっていい。一言でいえば、日本の労使関係ルールには原則らしきものはないのであって、時代状況によって左右されつつ結果として成り立っているに過ぎない。このことは労働組合にとってみれば、「ここまでやれば組合としての役割は十分果たせた」とする基準が存在しないことを意味する。そしてここに組合が不安に陥る背景がある。

以上の一般論に加えて、日本にはさらに重要な特殊事情があるように思える。

それは、ある思いこみのために、日本の労働組合は一種の自己嫌悪に陥るよう強く暗示をかけられてきたことである。日本の大半の労働組合が企業別に組織されていることは周知の事実だろう。ところがこの企業別組合は、それじたいとして積極的な意味を認められてこなかったばかりか、もっぱら改革され克服されるべき対象としてしかみられなかったのである。

　そうした思いこみの根拠としてあげられてきたのは主に次の点であった。

　第一に、企業内組合は経営側から組織的に自立していない。組合役員経験者の多くがのちに管理職へと昇進していく慣行は、ちょうど官庁役人の天下りと同じように、会社と組合の癒着をもたらしかねない。一般に企業内組合は経営陣に迎合しやすく、経営施策にたいする規制力が弱い。

　第二に、企業内組合は同一企業の社員、それも正社員だけを組織するわけだから、その結果パートタイマーなど非正規社員を排除することになる。それだけでなく、企業の枠をこえた横のつながりが弱いから賃金や労働市場にたいしても強い影響力を持ちえない――と。

　以上の理由のため、企業内組合は「未成熟」ないし「根本的限界をもつ」ととらえられた。たしかにここにあげた二点は、企業内組合の特徴として基本的に間違ってはいない。問題だったのは、ここから直ちに日本の労働組合は「御用組合」または「第二労務課」だとレッテルが貼られ、もっぱら超克ないし打倒の対象とされたことである。こうした見方の裏には、あるべき理想的な労働組合の観念が前提されていて、それはヨーロッパ型の全国的横断組織であった。

　だがこの発想は、決して国際比較の中から彼我の特徴を具体的に析出するというのではなく、ただ進歩史観的な先後関係を持ちこもうとするだけのものであった。平たくいえば、あるべき理想像を尺度にして「日本の労働組合はここまで遅れている」と序列づけしているわけだ。遅れているのならその遅れを取り戻そう、となるのは当然だろう。そこで多くの論者は欧米諸国における職業団体、産業別労働組合、教会組織などをモデルに設定し、そこに一歩でも近づくことが日本における労働組合の課題なのだと主張しつづけた。私なども、企業内組合がいかにしてロシア型工場委員会＝ソヴィエトに転化するものなのかと思い悩んだことがあったが、いやはや我が青春時代を思い出すのは実に恥ずかしい。

それにしても、明治以降日本の思想界を覆った近代化論・進歩史観については、頭のなかではそれなりの批判的意見を描いていたはずだが、その浸透力たるや並ではない。

企業別組合とその根拠

にもかかわらず、現実の結果ははっきりしている。この日本では、欧米型の横断的組合はついに定着することがなかった。たしかに今日でも鉄鋼、電機、自動車などといった具合いに、産業別組織と称されるものはある。しかしその内実は欧米の産業別組合とは全く違って、つまるところ企業内組合の連合体という性格は変わることがない。「組合どおしの横の連帯」と書かれた横断幕をめくってみれば、企業間競争を反映して組合相互のライバル意識さえ仄見えている。敗戦後から一九五〇年代にかけて労働運動が盛んだった時期があるが、その当時も運動としての産業別統一闘争はあったもののそれが文字どおり産業別組織へと結実することはなかった。「企業内組合の枠を超える」とするスローガンは、こうしてあくまで理念にとどまったのである。もちろん私とて、組合の連合組織が無用の長物だなどといいたいわけでは決してない。また、「一般組合」のように中小企業の世界で横断的な労働組合が現に存在していることは充分承知しているが、いずれも行論の文脈からそれるのでこれ以上の言及は避けておく。

させてこうなると、見直されるべきは理念の側にあるというほかはない。いいかえれば日本の企業システムを前提にすれば、企業内組合という性格はもはや変えようがない程の、ことの善し悪しを超えた問題なのであり、いわば必然性を持った事柄だったのである。

その根拠は何か。

結論から先にいえば、日本企業においては一般従業員と管理職との間には、学歴格差はあっても（これも最近ではますます曖昧化している）、階層的ないし身分的ともいうべき断絶が存在せず、したがって組合と経営側との間にも組織上の断絶が生じない。そしてこの点が日本的労使関係の際立った特徴をなしてきた。もっと具体的にいうとこうだ。

実は、日本企業の人材形成には二つの側面がある（表5―1）。

第一は、技能の向上という側面である。この表をG1、G2、G3と下から読んでいけばすぐわかるように、企業内でのランクが上がるのに応じて、マニュアル化された作業から複雑な保守・点検にいたるまで、従業員は技能を高めていくことが要求される。そのためにOJT（作業をつうじての訓練）や各種の社内教育が準備されている。ただし最近では技術のハイテク化のため、派遣会社からの要員や専門職などといった必ずしも年功や勤続とは対応しない職種も入り込むようになってきている(1)。

第二の側面は、職場の管理能力を育成することである。この表でG4になるとグループリーダーとしての指導力が要求されるようになり、さらに工長へと昇格していくことになる。日本企業の社内競争が熾烈なのはこの面であって、特に事務職の場合はいくつかの職場を異動しながら多

表5-1　A自動車企業における仕事評価基準（技能職）

<table>
<tr><th colspan="4">仕事の内容</th></tr>
<tr><td>G6
工長職</td><td>（G5の仕事に加え）
年度の部・課・係の方針にもとづいて、①生産の達成・部下の育成を推進する。②係長代行業務を行う。③以上を実現するために現場管理を実践する。④QCD（品質・コスト・納期）維持向上のための仕組みをつくる。</td><td rowspan="2">H6
高度専門技術職</td><td rowspan="2">G5とははっきり違った高度・広範な自動車に関する知識・技能を駆使し、技術スタッフの支援、試作車への対応、品質向上の活動、後継者の育成訓練などを、係・課のベースに立って推進する。</td></tr>
<tr><td>G5
工長補佐職</td><td>（G4の仕事に加え）
工長代行業務を行う。
特に①生産状況、部下の育成を勘案した作業編成を組み、さらに部下の育成や、C&G（チャレンジ&ジッセン）のアイデア等について、工長に進言する。②工長不在時に組・係の立場で諸業務に対応し、改善処置･伝達･報告をする。</td></tr>
<tr><td>G4
指導職</td><td colspan="3">（G3の仕事に加え）
①小グループのリーダーとして、担当グループの作業編成、訓練につき工長に進言する。
②不具合発生において、その影響する範囲・程度を予測し、その要因解析を行い、対策を講じる。</td></tr>
<tr><td>G3
上級技能職</td><td colspan="3">①組内作業全般に関する知識を必要とし、組内作業をこなし、自らの作業をしながら、日常、下位者の作業指導を行う。
②標準作業の改善を工長に進言したり、簡単な治工具をつくるなど、改善を推進する。
③小集団リーダーとして活動の企画推薦を行う。</td></tr>
<tr><td>G2
中級技能職</td><td colspan="3">係長・工長の一般的監督のもとに、作業の手順、作業対象物の種類・名称、使用する設備・機械・工具などに関する十分な知識が必要とされる、やや複雑な定型的職務を遂行する。</td></tr>
<tr><td>G1
初級技能職</td><td colspan="3">係長･工長の一般的監督のもとに、作業の手順、作業対象物の種類・名称、使用する設備・機械・工具などに関する一般的な知識が必要とされる、一般的な定型職務を遂行する。標準作業を実行する。</td></tr>
</table>

面的なノウハウを身につけるとともに、長期間にわたって評価を受け、そのうち管理能力を身につけた者が管理職へと昇格していくわけである。この点、たとえばイギリスでは伝統的に労働者と管理者（フォアマン）との間には身分的格差ともいうべき溝があって、労働者がこの溝を飛び越えて昇格することは一般にはみられない。

このように長期雇用のもとで日本企業は、まず第一に従業員の技能の向上をはかって独自に熟練者を確保し、また第二に職場管理能力を育成して管理職を抜擢することに人事政策の主眼を置いてきた。事実、主だった企業の社内教育システムは、技能向上および管理能力育成の二系列でつくりあげられている。従業員の多くは、将来管理職になることを目標にして努力し、会社もまたそのことを期待している。目の前にいる上司はひょっとしたら自分の将来の姿かも知れない。逆にまた管理職にとって、部下は過去の自分の姿でもある。このように日本企業にあっては、一般従業員と管理職のポストはいわば陸続きの状態になっている。そして日本の労働組合は、管理職育成のためのいわば登竜門の役割をはたしてきたわけである。

私たちからすれば今述べたことは当たり前の光景であるが、たとえばイギリスの伝統的なシステムはこれと大きく異なる。イギリスでは労働者と管理職とでは身分的格差ほどの隔たりがある。その程度たるや、たとえば日本で普通の英語教育を受けた者にはイギリス労働者の英語はさっぱりわからないほどだ。またエリートと非エリートとでは見た目からもはっきり違うことが、会田雄次『アーロン収容所』（中公新書）にもリアルに描かれている[2]。

だからイギリスの労働者たちは、職場で何か不満があったとき苦情を管理者に持ちこむのではなく、まず自分たちの仲間である職場委員（ショップスチュアード）に伝える。職場委員は一種の苦情処理専門係であって、苦情を受けた委員は管理者のところへ赴き交渉をつうじて解決するわけである。その点、日本では職場での苦情の大半が直ちに職場管理者のところに持ちこまれ、労使交渉の手続きなど経ないまま解決されていくのとは、大きく事情が異なっている。

以上からおわかりのように、企業内組合が経営側から組織的に分離していないということじたいは、なんら善し悪しの観点から批判されるべき事柄ではないし、「未成熟」というわけでもない。また日本の企業では組合経験者がのちに会社側の管理職へと昇格することは決して珍しくないが、そのことをもってただちに「御用組合」だとするのも見当違いであろう。それは、日本企業において一般従業員と管理職とが組織的に分離されていないこととの必然的結果でしかない。したがって企業内組合について、組織構造そのものを欧米型へと改変してしまおうとするのは、過去の歴史を捨て去り風土まで変えてしまおうとするほど空想的な試みなのであった。これが空想的試みだと自覚されているならともかく、本心からの思い込みにまで過熱するとなると事態は変わってくる。組合の現状を嫌悪し、そこから脱出することが理想に近づくことだとされる。個人にとっても同じだが、こうなると心理的に追いこまれた一種の脅迫神経症に近い状態だといっていい。

労働組合の選択肢

P・F・ドラッカーは、世界の労働組合は次の三つの選択肢に直面していると指摘している。(3)

第一は、何もしないことである。ただしその結果は労働組合が縮小し、あるいは消滅につながるかも知れない。この道を進んでいるのはイギリス、フランス、イタリア、そしてほとんどのアメリカの労働組合である。

第二は、政府を動かすことによって労働組合の権力を固め、経営陣にたいし拒否権を発動できるような共同決定システムを確立することである。ドイツ、オランダ、スカンジナビア諸国の労働組合がこの道を進んでいる。一見してきわめて合理的な道にみえるが、しかし労働組合には自らの権力の基盤ともいうべき独自の「票」がない。

以上の二つの選択肢にたいし、ドラッカーが唯一積極的意義を持つものとして評価するのが最後の選択肢である。その部分を引用しよう。

「第三は、労働組合が自らの機能を見直すことである。労働組合が、社会の一器官として、あるいは雇用主たる社会的諸機関の一器官として、自らを再生させることである。すなわち、働く者の能力を高め、彼らに何ごとかを達成させ、彼らの力を十二分に発揮させることに関心をもつ存在となることである。（中略）そしてさらに労働組合は、生産性、品質、その他競争力の維持強化に役立ち、組合員の雇用と収入の確保に資することすべてについて、経営管理陣とともに働くことになる。これは夢のような理想に聞こえるかも知れない。しかし実は、これは、日本の労働組合が果たしている機能にかなり近いものである」と。

そしてドラッカーはその背景として、「[日本」企業が、労働者の終身雇用について、実質上の保障を行なっているため」であると理由を説明している。なお彼とても、そこには労使間の利害対立は生じないと述べているわけではない。ただし対立が生じたとしても、組合はオムブズマンのように経営陣にたいするチェック役を担うことになると、その役割を限定している。

要するにドラッカーは企業と労働組合との協働の必要性を説いているわけであるが、むろんこの協働は「なれあい」を意味しない。もし経営方針に問題があればはっきりと指摘し、場合によっては組合独自の対案をつくって提示するような主体的関わりが必要となる。この点はますます大事になっていると思われる。というのは、昨今の企業の不祥事をみるにつけ、経営者たちが姑息かつ近視眼的になっていると同時に、労働組合までもがそれと一蓮托生の関係に陥っていることをうかがわせるからである。そしていうまでもなく、経営者が無策に陥ったような事態を放置することは、同時に労働組合の死を意味する。

では、労働組合が「社会の一器官」として自らを再生させる、というドラッカーの指摘は具体的にはどういうことなのか。

企業も労働組合も真空のなかに浮かんでいるわけではない。現実には大なり小なり地域社会とのかかわりで生きているのである。とくに地方都市では地域にたいする企業の影響力が予想外に大きく、したがって企業だけの都合で解雇や工場閉鎖をやればその社会的信用は失墜してしまう。私も出席したある懇話会の場で、人事担当者が「自然環境を護るための交流会を地域の人たちとつくりたい」と述べるなど、企業は周辺地域にたいしかなり気を使っているのである。「なりふり構わぬ」体の企業は、地方では息長く生きていくことはできない。いわば地域は皿であり、企業はその上に乗る器である。あるいは、こう言い換えてもいい。地域という舞台の上では企業は重要な俳優であり、そして労働組合は名脇役にならねばならない、と。

次節では興味深い事例を紹介しよう。これは熊本県で、労働組合が自らの利害をこえて地域社会を守ろうと奮闘した事例である。

地域のなかの労働組合

労働組合と仁侠気質

十年以上も前のことだが、労働組合のことを「レーニンの肖像を掲げた仁俠集団」と表現した知人がいた。実に言いえて妙である。ただし仁俠集団は必ずしも博徒集団たるヤクザと同じではない。『大辞林』によると、「弱い者を助け、強い者をくじき、義のためには命を惜しまないという気風」が仁俠の真意であり、今日ではすっかり忘れ去られた義理人情の世界であるといっていい。

実は、争議と仁俠の気風は深い関係にある。たとえば経営者が余りにだらしなかったり、あるいは逆に余りに合理主義を貫こうとしたような場合、義理人情は澱のように貯まりはじめて組合の結束力へと転化するわけである。そしてこのような仁俠集団にとっては、「メンツを保つ」ことこそが何よりも大事となる。過去の労働争議が示すように、万が一でも経営者が組合の親分衆の顔にドロを塗るようなことをすれば、ほぼ例外なしに組合からの反撃を受けることになるのである。こうした説明はあまりに俗っぽく聞こえるかも知れないが、かなりの真実を言い当てているると思う。

最近こんな面白い話を聞いた。熊本県下のある企業でボーナス交渉が行なわれ、組合側は満額獲得をめざして控えめな要求額を提出した。ところが、たまたま景気が良かった会社側は、なんと要求額を上回る回答額を提示したのである。一見組合にとっては喜ばしい話に聞こえるが、そこには組合執行部の弱腰をからかってメンツを潰してやろうという会社側の意図があった。

団交の席上、社長は得意満面だったが、しかし組合委員長の発言は予想外の内容だった。いわく、「会社側は何か勘違いしているのと違うか。われわれの要求は、会社の景気が良かろうと悪かろうとこれ以上は引き下がれないという意味だ。今回の例にならって、将来もボーナスがわれわれの要求を下回ることはないと理解していいのだな」と。社長は逆にクギを刺されて真っ青になったが、もう遅い。団交のあと委員長は、「経営陣は適当に交替すればすむかも知れないが、われわれはずっとこの会社で働いて家族を食わせていかなければならない。これからも末長く労使協調でいきましょう」と述べて社長に握手を求めたが、ついに社長は手を後ろに回したまま握手に応じなかったという。組合が要求額を超えるボーナスをそっくり頂戴したのはいうまでもない。

「労使協調」がこういう使われ方をするのを私は初めて知ったが、愉快な武勇伝ではある。だが最近は、レーニンの肖像が消えたのは当然としても、労働組合から仁侠の気質も薄れてきたのではないかという気がする。というのは、今日これほどまでに職場や地域が揺さぶられているにもかかわらず、労働組合が共同性の拠り所たる役割を放棄しているように思えるからである。仁侠の神髄である義は、新渡戸稲造によれば、武士の掟のなかで「最も厳格なる教訓」であり、勇とならんで重要な規範であった（『武士道』第三〜四章）。それは決断力、行動力の裏づけにほかならない。そして共同性は、こうした決断と行動によってのみ維持することができる。逆にいえば、経営者が無策に陥ったような場合には労働組合が自らの対案を提示し、それを実行に移さなければ、職場や地域の共同性が崩壊することもありうるのである。

前節で私は、さしづめ地域は舞台であり企業は俳優であると述べた。そして地域の歴史を少しさかのぼってみれば、労働組合にも名脇役がいて、仁侠集団としての面目躍如ともいうべき興味深いエピソードを残しているのである。

国労熊本の選択

ここに登場するのは国労熊本地方本部である。すでにご承知のとおり、旧国鉄は一九八七年四月に分割・民営化され、その際に組合も分裂するのであるが、ここで扱うのは「分裂以前」の組合である。

ではなぜ国労熊本地本を取り上げるのか、その理由を先に述べておこう。それは旧国鉄ローカル線廃止にたいし、組合が自らは「黒子」に徹しながらも路線存続に尽力し、地域を窮地から救ったからである。そしてそのローカル線存続の運動は、国労中央本部の意向に反しながら熊本単独で選択された道であった。

熊本駅から豊肥本線の列車に乗ると、約一時間で立野《たての》駅に着く。豊肥本線は立野からスウィッチバックして阿蘇五岳の北側を走り抜けやがて大分・別府にいたるのであるが、その一方、立野で本線から分かれて阿蘇五岳の南側を東西に走る枝線がある。立野・高森の間一七・七キロをつなぐ高森線がそれである。いずれも阿蘇の広大な火口を走りながら、周囲の外輪山の山々を満喫できるみごとな路線である。

一九八〇年代の九州は、すでにモータリゼーションが鉄道を圧倒する状態であった。八〇年代初頭、九州における旅客輸送は九割弱が自動車（バス、特に自家用車）によって担われ、鉄道は国鉄・私鉄あわせて一二％程度に落ちこんでいた。そのため国鉄再建法にもとづき廃止対象にあげられたのは、九州全体で十九路線にものぼった。

高森線もまっさきに廃止対象とされたのだが、しかし沿線住民にとっては青天の霹靂の感があった。というのは高森線はもともと枝線ではなく、将来的には高千穂線と接続して熊本・延岡をつなぐ本線として構想されていたからである。ところが七四年秋、両線をつなぐトンネル工事の際に大量出水事故が起き、本線化の工事は中断されたままだった。それから七年後、工事が再開されるのではなくて、一転して高千穂線ともども廃止対象とされたのだから住民がたまげるのも無理はない。それはちょうど、手術すれば容態が悪くなるかも知れないからいっそのこと生体ごと抹殺してしまえ、というくらい無茶な話であった。

ローカル線に乗った経験のある人ならすぐわかるが、街並みは駅舎を中心につくられている。大都市だったら駅は人びとのたんなる通過点にすぎない。ローカル線の場合、列車はせいぜい数十分に一本しか来ないから、人びとは駅に貯まる。高校生たちはトイレに行って髪をとかしたり化粧したりし、老人たちは延々と作柄と病院通いの話をし、待合室はさながら社交場と化す。だから駅が無人化されたり消えたりすれば、とたんに周辺も寂れ果て、あっという間に風景が拡散してしまう。ローカル線廃止というのは、これくらい住民生活に大きく影響するのである。

おまけに高森には県立高校がある。危険を承知でバイク通学を認めるのか。しかも雪が降ったら道路が凍結してバスの運行すら危うくなる。またクルマの運転ができない老人たちの通院はどうなるのか、等々。このように、高森線が廃止された場合の問題は山のようにあった。

ただちに高森町長を会長にして、商工会、農協、老人会、婦人会、青年団、労働組合などにより「国鉄高森線・高千穂線総合対策期成会」が発足し、さらに沿線六ヵ町村がこれに合流した。

さて、ここで注目すべきは国労熊本地本の動きである。

実は当時、国労全体としてはバス転換はむろんのこと、第三セクターによる存続にも「反対」であった。組合の組織利害からすると、第三セクターになったらそこには組合が残らないのだから全く無意味だというわけだ。したがって国労中央は、あくまで国鉄として残すという方針に固執したのである。

だがこの方針はあまりに観念的なものであった。地域社会の運命を度外視し、自らの組織エゴを押し立てた方針だったからである。熊本地本はこれと違った方針を採った。すなわち、たとえ第三セクターであれ鉄道を残すことを最優先すべきである。バス転換になったら二度と列車が走ることはなくなるし、最悪の場合は地図の上から高森町が消えてしまうかも知れない。線路さえ残れば将来にも可能性を残すことができる、と。

では、熊本地本のこのような地域重視の発想はどこから生まれたのか。それには次の二つの理由が考えられる。

第一は、生活圏と職場とがほぼ重なり合っているという、地方の特性からくる理由である。年々都市化の波が押し寄せているとはいえ、熊本では通勤時間三十分以内というのが恐らく住民の七割以上を占めるだろう。企業も組合も日々「地元」を実感しながら活動しており、それだけ地域の問題には敏感である。早い話、労使間であれ労労間であれお互いに対立する間柄にあっても、町内会やら様々な親睦会でばったり顔を合わせることは珍しくない。こうして地域は対立緩和のクッションの役割をはたしている。

第二の理由は、国労熊本がとりわけ地域問題を重視する方針を採ってきたことである。だがこの背景には、ある挫折の体験があった。

一九六〇年代後半、国鉄では当局による生産性向上運動（いわゆるマル生運動）が展開され、これが国労排除の色彩を濃厚に持っていたことはよく知られている。しかし当局のあまりに行き過ぎた行為が社会的な批判を呼び起こし、七〇年代に入ると力関係が一挙に逆転してこんどは組合が職場の権限を掌握するまでになった。

こうした経過は熊本でもほぼ同じであった。だが皮肉なことに、職場の秩序はかえって混乱することになったのである。「現場協議制」をつうじて組合は次々と要求を通していったが、しかしその中身たるやこまごました日用品の物取り主義にすぎなかった。運動は明らかにカラ回りし、そこに生まれるマンネリ感は組合の内部秩序にもはねかえった。「組合は言いたい放題、したい放題だった」と、当時の組合役員は自省をこめて述懐している。そうしたなか、組合の一角で

「このままでは組合は自壊する」との危機感が生まれ、これが眼を組合の外に向けるきっかけとなった。

その頃私は、たまたま列車待ち合わせのためにある駅で降りたことがあった。駅舎を見わたして驚いた。構内には地元小学校の生徒たちの絵、郷土史家の文などがたくさん展示してあったからだ。あとでわかったのだが、実は組合員たちが自腹を切ってベニヤ板を買い、駅舎を地元のための展示場にしたという。さらに、「鉄道は地元とともに生きていくもの」という考えから組合員は乗客にアンケートを配り、駅員にたいする苦情を聞く活動さえおこなった。このように組合が地域住民との交流を深める活動は、たとえば駅の清掃・美化運動、新駅設置運動などの形で、県下のあちこちで取り組まれ始めていた。とはいえ、地域とともに歩もうという方針は必ずしも順風満帆のもとに進んだわけではない。この方針はいわゆる「左派」集団から「闘争を妨害する活動」とみられ、その担い手は「当局の手先」とまでレッテルを貼られつづけたからである。だが執行部のリーダーシップのもとに、地域との連帯を強める方向は組合全体をまきこむ流れとなった。

以上のような背景を考えれば、国労熊本が、いかなる形であれ高森線を残すことを何にも増して最優先したのは、ごく自然な選択であったといえよう。

陽気な人たち

ここで面白いエピソードをいくつか紹介しよう。いずれも、組合運動が生き生きと展開されていることを彷彿とさせる場面である。

その当時、熊本県総評事務局長・福島将美氏、国労熊本委員長・小早川了介氏を中心に若手の執行部役員たちが集まる飲み会が頻繁にあった。たんに飲んで騒ぐのではない。実は、組織決定に付すべき問題は別にして、重要なアイディアはほとんどこの飲み会で誕生したのである。

その場でふと気づいたことがある。たしかに組合役員たちは「分割・民営化反対」を口にした。だが、どうやらそれは形式上の枕詞にすぎなくて、分割・民営化そのものにはそれほど関心がないように見受けられたのである。とにかくローカル線を残すこと、人びとの地域生活を守りぬくこと、この一点だけが役員たちの関心事だった。そこである執行委員が熱弁を奮う。「組合側の説明はあまりにまわりくどい。もっと単純明解な説明、たとえばマンガやイラストといった方法はとれないのか」。ひとしきり喚きあうような議論があったあと、「よし、マンガやイラストを公募してすぐれた作品には賞を出す企画をたてよう」と決まった。また、「ローカル線存続にたいする県民の熱意は大変なものだ。大量の組合員を地域に投入してシラミつぶしに署名を取ろう」、これも決まった。

酒好きの方はご存じだろうが、宴席の場が荒れてしまうことはそう珍しくない。特に当時の国労のように争議のさなかでは、酒が不満噴出の起爆剤になってもそれほど不思議ではなかろう。しかし私はそのような場面に出くわしたことが一度もない。いくら飲んでも、言葉や礼儀が乱れないのである。筋金入りの仁俠集団だからこそなのだろう。

署名活動の熱気と集中力はすさまじかった。最終的な結果が七十六万人余だから、なんと県民の三人に一人が署名したことになる。ある五十歳過ぎの組合員は一人で二千人をこえる署名を集めてしまった。さっそくまた例の飲み会があって、署名に協力して下さった県民にたいし「感謝の集い」を開こうという企画が決定された。準備期間はたった二週間である。どうなることかと心配したのだが、当日は熊本市民会館大ホールに千六百人の市民、組合員が集まった。

舞台を見て誰もがびっくりした。舞台正面に横十メートル、縦六メートルの巨大な横断幕が貼られていて、そこには新聞意見広告がそのまま手書きで書き写されてあったからである。約四千人の氏名もびっしり書き込まれており、会場の参加者たちはそこに自分の名前がちゃんとあるのを発見して喜んでいた。この巨大な横断幕は、国労組合員が数人がかりで三日間かけてつくりあげたのだという。また当日のプログラムはすべて手づくりで、高校生も加わった寸劇、若い組合員二人による歌の披露、交通費のみで参加して下さったママさんコーラスなど、いずれも楽しい企画が次々と続いて二時間の集会を終えた。

こうしたエピソードにみられるように、私の知る組合役員たちは陽気な人たちばかりであった。他人の陰口を言ったり、眉間にしわを寄せてグチをこぼしたりしたところを私はほとんど見たことがない。この人たちは、どこかしら逆境をせせら笑ってやりすごしてしまうところがあって、それを順境につくりかえてしまう。要するに何でも「よかよか」なのである。そして何よりも、トップリーダーの人たちが若い役員たちの意見に実によく耳を傾けていた。

この人たちの行動力、陽気さはどこからくるのか。

理由はいろいろあろうが、はっきりしているのは、イデオロギーを前面に掲げたような運動、あるいは自分の利害だけにとらわれたエゴイスティックな運動ではこのような行動力や陽気さは決して生まれない、ということだ。組合員が職場の外にまで視野をひろげ、破壊されようとしている地域を救い出そうと決意し、そのために献身したのがこの国労熊本の運動であった。そうした自負と誇りが顔の表情にあらわれないはずがない。だからこそ、すぐあとに述べるが、政治的にはきわめて保守的な高森の住民たちは、これまた過激とみられていた国労の組合員たちを迎え入れたのである。

顔の表情について述べたので、最後にこんなエピソードを一つだけ紹介しておこう。

よく、横柄な態度のことを「でかいツラ」と言うことがある。高森線存続運動の頃の国労熊本の役員には、でかいツラの持ち主がとても多かった。ただし決して横柄な人たちという意味ではない。文字どおり顔の面積が大きいのである。実は顔相からすると、大きい顔は「指導力」をあらわすことが多いのだそうだ。当時これら顔の大きい親分衆は「大顔《たいがん》同盟」なる同好会をつくっていて、要するにときどき集まってはお互いの顔をダシに焼酎を飲むだけのことなのだが、不思議と結婚式の仲人を頼まれることが多かったという。

地元の独自試算

話を本題に戻そう。

その後の詳細な経過については触れる必要はなかろう。いくつか特徴的な点だけを指摘しておきたい。

高森線を残す運動には障害も立ちふさがった。組合と住民の共闘といっても簡単ではない。住民側からすれば「ストばかりやっている国労が何をしに来た」という素朴な反感があって、この感情的しこりをまず解決しなければならなかった。組合はそうした事情に配慮し、あくまで運動の「黒子」に徹するという姿勢を貫くことにした。連日にわたって組合員が高森に派遣され、独自に各家庭をまわって意識調査を行ない、交換用の枕木の調達、あれこれの技術指導や資金カンパなど、もっぱら裏方の仕事に走りまわった。そんな地味な活動の積み重ねのなかから感情的しこりは次第に解けていったばかりか、多くの住民が組合に期待を寄せるようにさえなったという。

地元では南阿蘇散歩、写真撮影会、健康マラソン、小中学生作文コンクール、乗車運動など多彩な催しがくり広げられ、存続の成否は県民の注目するところとなったが、しかしそれだけでは決定打にはならない。では、高森線存続を決定づけたのは何だったのか。

実は当時、この問題をめぐって地元は県と対立の状態にあった。

県側は高森線廃止・バス転換の意向を早々と固めていたように思える。事実、八四年初めに発表された県側の試算によると、仮に第三セクターで運営すれば年間一億四千万円もの赤字が出るとのことだった。地元六ヵ町村で負担できる額はせいぜい年二〜三千万円といわれていたから、県の試算を前提にすれば存続はとうてい無理な話ということになる。

普通だったら物語はここで終わりである。しかしこの場合は違った。怒った地元自治体が独自の試算を開始したのである。そして数ヵ月後に発表された地元試算によると、なんと、せいぜい三千五百万円程度の赤字にとどまる、という結果になった（表5—2）。これなら充分やっていく

表5-2　高森線の収支試算

	1982年度国鉄実績	県試算	地元試算
保有車両数（両）	—	4	3
通行本数（本）	12	12	16
駅の数	5	5	10
駅員数（人）	35.5	23	14
収入（百万円）	55	44	57
内訳　旅客収入	45	44	57
内訳　貨物収入	10	0	0
支出（百万円）	381	183	91.74*
内訳　人件費	211	84	32.24
内訳　物件費／減価償却費	170	99	41.8／14.42
損益（百万円）	△326	△139	△34.74

△：赤字額　＊内訳に「その他」があるので内訳の合計は支出総額と一致しない。
資料：熊本日日新聞1984年2月1日付および毎日新聞1984年9月26日付より作成。

ことができる。

しかも、せっかくの機会だからこの鉄道をもっと「住民の足」として使いやすいようにつくりかえてしまおう、という発想も生まれた。こうして国鉄を退職した年金受給者を多く採用して人件費を抑え、と同時に駅や運行列車を増やして利便性を高めるという新たな経営方針も盛りこまれた。あとは実力行使あるのみだ。地元では新会社設立のため五億円の基金づくりをめざして一口五千円の拠出が住民によって始められ、二ヵ月後には早くも千五百万円に達した。こうなると県もこれを追認せざるをえなくなる。

一九八六年四月、こうして新会社「南阿蘇鉄道」が第三セクターとして発足した。

高森線は今日も走り続けている。依然

として地元の過疎化は進み、近年の利子の低迷が経営に追い撃ちをかけているのではないかと心配にもなる。しかし本章では、住民と労働組合が共同して地域の危機に立ち向かったという構図が明らかになれば、とりあえずは良しとするにとどめたい。

ある機会に当時の町長と久々にお会いしたが、「組合の皆さんには心から感謝しとります」と目を細めておられた。また当時の国労熊本地本の組合員たちは、組合分裂のあとも、懐かしそうにトウキビ刈りや地元イベントに足を運んでいる。

〔注〕
1　小松史朗氏はトヨタの技能系職場における人材養成を丹念に調査し、そこでは依然として「暗黙知」やカン、コツが重要で、したがってOJTやジョブ・ローテーションが中心的な役割を果たしていると強調している（「自動車企業における技能系人材養成」、『立命館経営学』二〇〇〇年五月刊所収）。
2　第二次大戦における英国軍の階級制度は社会秩序を反映して、士官クラスではホワイトカラー出身者、下士官・兵士クラスではブルーカラー出身者がそれぞれ母体となっていた。両者の体格の差は一見してわかるほどだったという。士官たちは体格が堂々としていたばかりでなく、大学で激しいスポーツの訓練を受け、動作は兵士たちよりもはるかに敏捷できびきびしていた。なお会田雄次氏は、兵士たちが積み荷を数える際に足し算や掛け算すら充分でなかったと述べている（『アーロン収容所』中公新書、一〇二ページ以降を参照）。
3　P・F・ドラッカー『新しい現実』（ダイヤモンド社、一九八九年七月）二七八ページ以降を参照。

終　章　確実なるもの

漱石の溜め息

今日、私たちの目に映るすべてのものが、残像を残す余裕すらないほどの速さで流れ去っていく。もはや確実なもの、安心の拠り所はなくなってしまったのか。

ここで想起するのは、夏目漱石が明治四四年に和歌山で行なった「現代日本の開化」と題する講演である。(1) 漱石は数え年四十五歳だったが、すでに前年には胃潰瘍で大吐血をして療養の身であった。

当時、日露戦争に勝利して日本社会も大きく変貌しつつあった。幹線鉄道は全国に張り巡らされ、三十四時間半という長旅ではあったが東京と熊本は鉄道でつながれた。さらに各地に「軽便鉄道」が敷設され、ガス会社、映画館や劇場などもつくられて人びとの生活は急速に近代化した。それと同時に明治四十三年の「大逆事件」にみられるように、社会主義をめぐる軋轢が登場したのもその頃であった。なお、「千里眼婦人」御船千鶴子が福来博士らの立ち合いで透視実験を行なって世間を騒がせている。

漱石の講演はこんな時代背景のもとに行なわれた。特にその後半部分に焦点を当てると、内容はおよそ次のとおりである。

日本の開化ははたして内発的に進んでいるのだろうか。残念ながらそうではないから困るのだ。日本の現代の開化を支配している波は西洋の潮流で、その波を渡る日本人は西洋人ではないのだから、新しい波が寄せるたびに、そのなかで食客《いそうろう》をして気兼ねをしているような気分になる。こういう開化の影響を受ける国民はどこかに空虚の感があり、不満と不安の念がある。それをあたかもこの開化が内発的ででもあるかのごとき顔をして得意でいる人のあるのは宜しくない。それはよほどハイカラです、宜しくない。虚偽でもある。軽薄でもある。

一言にしていえば、現代日本の開化は皮相上滑りの開化である。しかしそれが悪いからお止しなさいというのではない。涙を呑んで上滑りに滑っていかなければならない。

逆に、あたかも内発的であるかのように進むこともできようが、これまた由々しき結果に陥ることになる。西洋人が百年もかかってようやく到達したところへ日本人がたかだか半世紀でたどりつこうというわけだから、再起不能の神経衰弱にかかって、気息奄々として路傍に呻吟するようになるのは必然的結果だろう。どうも日本人は気の毒といわんか憐れといわんか、誠に言語道断の窮状に陥ったものだ――と。

漱石の講演の結論はきわめて悲観的である。「どうすることも出来ない、実に困ったと嘆息するだけ」だというのだ。これで講演を終えてしまうわけにはいかないと考えたのか、漱石はモーパッサンの小説のあらすじを紹介したのち、「日本の現代開化もこの話と同様で、分からないうちこそ研究もしてみたいが、こう露骨にその性質が分かってみると、かえって分からない昔の方が幸福であるという気にもなります」と、皮肉っぽく結ぶのである。

今日と漱石の時代との違いをあげつらうのはたやすい。肝心なのは、漱石にあっては西欧文明の流入が深刻な内面的葛藤として受けとめられていたという事実である。これと比べ、今日の日本の世論はひたすら一方の波に乗るだけで、この葛藤がほとんどみられないという点なのだ。だが「それはよほどハイカラです、宜しくない。虚偽でもある。軽薄でもある」——私たちはこの台詞を何回くりかえせば気がすむのだろうか。

だが以上の漱石の話には、私たちなりに考え直すべき点もある。私たちは幸か不幸か、漱石と同時代に生きているわけではない。彼が「涙を呑んで」皮相上滑りの時代を生きていかなければならないと述べたのは、明治という選択の余地のない、しかも近代になって最初の激震の時代を背景にしていたからである。かつて林房雄が強調したようにこの激震は大東亜戦争まで一貫して続き、そしてそれは、石原莞爾の目論見とは異なったが日本にとって事実上の「最終戦争」となった。こうしたことと比べれば、今日のグローバル化による衝撃などはせいぜい余震ていどのことにすぎない。今さら「涙を呑んで」というほどのこともなかろう。上滑りになるならそれもやむをえない。大事なのは「皮相上滑り」だとわきまえておくことである。だが日本の知識人やマスメディアにはこの開き直りが今もなお欠けており、右往左往の上滑りに終始している点である。漱石の溜め息は、まだ私たちの社会に内面化されているとはいえない。

言説の二重化

　では、表層雪崩のような今日の変化の裏側に、はたして何か確実なるものは存在するのだろうか。

　エマニュエル・トッドの『経済幻想』（藤原書店）は、この問題に鋭く迫ろうとする作品である。彼によれば、経済的メカニズムは歴史の第一動因では決してない。それは「ずっと深いレベルで生じた社会的・精神的構造の展開が起こした力や運動の結果[2]」に過ぎない。そこで彼は心理学における意識・下意識・無意識に対応させて、経済的・文化的・人類学的という三層構造を設定する。今日グローバリゼーションといわれる経済的事象は構造全体からすればその表皮に過ぎず、その意味でグローバリゼーションは現実であるとともに内実を欠く「幻想」だというのだ。では、そうした幻想の基底にあるのは何か。トッドは、人類学的な家族編成（親子関係、兄弟関係）こそ集団の統合の度合いを根底から規定する要因であるとし、これが資本主義のいくつかのパターンを生み出していると結論づける。

　残念ながらここでトッドの議論に深入りする余裕はないが、しかしこうした発想には問題の核心に迫るものがある。というのは、トッドの試みは昨今のグローバリゼーションをあくまで一つの表層的パターンとして相対化してしまうことであるからだ。

　実は、本書を執筆しながら感じつづけたのもそのことだった。私が実感したのはおよそ次の二点である。

第一には、「日本型経営は時代遅れだ」とする相も変わらぬ世論の横行であり、またそれを裏づけるかのようにアメリカナイズされた企業システムへの転換が当然視されていることである。また国会での論議をみれば、こうした傾向はさらにはっきりする。もはや今日の日本には与党と野党の区別はほとんどない。そこにあるのはただ、依然として正体不明な「構造改革」なるものをめぐる先陣争いだけである。

第二に、にもかかわらず私の住む熊本や九州では（ということは他の地方都市にも共通するわけだが）、アメリカナイゼーション旋風がさほどの威力を発揮しているわけではないという現実である。これを、やはり大都市よりも地方は遅れているのだと解釈するのは一見わかりやすいが、真相はそれほど単純ではない。というのは外資系企業などわずかな例を除いて、伝統的な終身雇用や年功賃金から根こそぎアメリカン・スタイルに鞍替えしてしまうケースがほとんどみられないという事実は、私の周囲で観察されるだけでなく、いくつかの統計でもはっきり認められているからである。たしかに年俸制や成果主義を採り入れる例がないわけではない。だが、それもせいぜい既存システムの「手直し」の範囲内であって、従来型スタイルをかなぐり捨てるが如きものでは全くないのである。

要するに、今日の日本を特徴づけているのは、言説と実態とのあいだに紛れもないズレが生じていることである。あるいは、言説じたいが二重化しているといってもいい。オモテの言説とウラの言説。声高な言説と「声なき声」の言説。伝統をかなぐり捨てた言説と伝統に繋ぎ止められた言説。そして知識人・マスメディアの言説と庶民の言説。いずれの場合をとっても、前者はむなしい。

だが、このように言説が二重化するということは、現実が必ずしも一枚岩でないことを示唆している。日本社会の基層までもが必ずしもグローバル化の波に乗って滑っているわけではない。ここに、確実なるものを発見するきっかけがあるといえる。と同時に、私たちが充分肝に銘じておくべきことがある。それは、日本社会が必ずしもグローバル化の波に乗っていないといっても、決して日本社会にたいする確たる自己認識にもとづいてそうなっているわけではない、ということである。言説が二重化することじたい、私たちの自己認識がきわめて曖昧であることを物語っている。つまり私たちはグローバル化の波にたいして、自覚的に日本社会を対置し、これを守り抜こうと決意しているわけではないのである。そもそも文化とは自覚されにくいものであるが、しかし自己認識にまで高められていない文化は実にもろく、危うい。このように日本社会は、そして何より私たちじしんが、きわめて不安定な状態の上に立っているのである。

では、私たちがこの不安定から脱却する方向はあるのだろうか。もし確実なるものがあるとすれば、それはどのようなイメージなのか。

「大地的」なものと伝統

作家きだみのるが、部落の特徴についておよそ次のようなことを述べている。部落には思想や宗教の教義などは根づかない。外から新しい思想や文化がやってきたとき、それを採り入れるかどうかの判断は結局、部落の得になるか否かで決まる。国がいけないと言っても部落がいけないと言わないものはそのまま生き残りつづける。部落の者はまず第一に部落民であり、次いで日本国民である。この点で、部落は都会と全く異なった事情の下にある、と[3]。

他方で、いや今日の日本はとっくに中央集権化されていて地方が独自に存在しうる余地はほとんどない、という見解もある。ある面ではそのとおりだろう。しかし地域のあれこれを見ていると、きだみのるの言うような面はあながち否定できず、日本社会は決して等質ではなくて、基層のところでは生活・文化の多重構造になっているのではないかと思えてくるのだ。きだが見た部落という地域社会の閉鎖性・共同性は、都市化や近代化の波を受けると跡形もなく潰えてしまうものなのか、きわめて疑問に思う。

このことについて作家・宮部みゆき氏は実に巧みに描いている。

彼女の傑作のひとつ『火車』にでてくる刑事・本間俊介は、東京で生まれ育ったのだが、彼には故郷の記憶がない。自分が家を構えている地理上の東京と、「東京人」「東京っ子」という言葉についてくる東京とのあいだには、あまりに大きな違いがあると感じつづけている。だから妻から「あなたは東京っ子じゃないの」と聞かれても、本間はかつて一度も自分を東京の人間だと意識したことがない。彼にとって東京というのは高級車みたいなものだ。本来はとっ替えのきく備品でしかないのである。買い替えのきくものに、人は根をおろさない。買い替えのきくものを、故郷とは呼ばない。だから、今の東京にいる人間はみな一様に根無し草で、大部分は、親や、そのまた親が持っていた根っこの記憶をたよりにして生きているのである。本間は、俺もその一人だ、と考えている。

むろんこれは大都会の一面である。根無し草と呼ばれ、治安が悪いといわれていても、やはり若い人たちは大都会に憧れる。それは、何よりも大都会が巨大な「劇場」だからであり、あわよくば自分も役者の端くれとしてそこに登場できるかもしれぬという幻想のるつぼだからである。だが他方ではっきりしているのは、人間は自分の根っこを完全に断ち切ってしまうことができないという事実だ。大都会に住む地方出身者の場合は特にそうである。地域文化はこの根っこと深く結びついたものであり、だからそこには落ち着きがある。人間は、生まれついた地域文化から自由にはなれない。

和辻哲郎の『風土』は感動的な一書だが、和辻にとって風土とは、たんにそこに住む人びとを取り巻く外的な自然環境にとどまるものではない。喩えていえば、自分にとって他人がたんなる外的な環境なのではないのと同じである。人間は他人とのつき合いをつうじて自分を見出す。大事なのは人と人との「間柄」なのである。人間と風土との関係もこれと同じである。寒さという気候は、「寒い」と感ずる人間と間柄を築くことによって初めて成り立つはずだ。その意味で「風土もまた人間の肉体であった[4]」。和辻は以上のように強調する。

もっと簡単にいってしまえば、風土（自然および歴史）と人間とは密接な間柄そのものを指すということなのである。焼酎は中身と器が一体になって焼酎なのであって、畳にこぼれたらもう焼酎ではない。このように考えると、ある土地における風土はそこの人びとの心の持ち方、生活の仕方と一体だということになる。技術や産業が歴史の変化を代表する側面であるのにたいし、風土は、長期にわたって持続するようなその土地に固有の文化や気質を象徴しているわけである。「県民性」とか「国民性」ということが語られるのも、そうした背景があるからだ。そう呼ばれるものの実体があるかどうかは問題ではない。人びとがそのように了解していることが大事なのであり、その限りでは県民性も国民性も人びとの人格の一部分となっているのである。

以上にみた「根っこ」といい「風土」といい、それらは具体的にいえば地域社会にほかならない。それは必ずしも日本の小部分を指すだけではない。日本もまた、世界をひとつとしてみれば一地域であり、独自の個性を持った文化圏である。グローバル化が世界の諸地域を一色にぬりつぶそうとするものであるだけに、逆に地域のアイデンティティを見つめ直すことがますます重要になっている。実際、グローバル経済の主役をなす情報・金融とは、あるいはアメリカ型市場経済そのものが、物づくり経済と異なって本質的に根っこから切断され宙に舞った存在なのである。

その意味で私たちは、確実なるものを佐伯啓思氏とともに「大地的」なものと呼んでいい[5]。佐伯氏によればこうだ。長い年月にわたってほとんど変化しない風景、農耕地と溶けあわされた生活、地域の特性の上に育った文化、安定した雇用と生活、安堵を与える人間関係。つまり、安定したもの、確かなもの、慣習的なもの、対面的な人間関係、慣れ親しんだもの、こうしたものが「大地的」なものである。

もちろんこの「大地的」なものとは、人間にとってたんなる外的環境を意味するわけではない。和辻哲郎の言い方を借りれば、それは人間との間柄をなす関係にあり、その点で人間の肉体でもある。ここまでくると結論はいよいよ近い。

私は本書「はしがき」でG・K・チェスタトンの言葉を紹介した。伝統とは死者をも含めた民主主義のことであった。われわれの祖先たちが賛同して残されてきたものこそが伝統だからだ。たまたま今生きているというだけでその伝統をくつがえすとすれば、それは生者の傲慢にほかならない。これがチェスタトンの言いたいことであった。地域にせよ風土にせよ、それと同じである。空間的なヨコの広がりであると同時に、歴史的なタテの関係の蓄積があるから地域なのであって、伝統という根っこによって結ばれない「大地的」なものなど存在しない。

福田恆存が述べていることだが[6]、人びとはヨコの連帯感の喪失についてはすでに気づいているが、タテの連帯感の喪失についてはまだ気づいていない。だが前者つまり同時代における人びとの連帯感の喪失は、後者つまり伝統とのつながりの喪失の当然の帰結なのである。そして伝統との連帯感の喪失には、私たちじしんにも責任がある。たとえば子どもたちの世界に連帯感がなくなったと嘆く親がいたとしたら、その原因をつくったのは伝統や慣習の破壊に手を貸してきた親や全共闘の世代である。若い世代がまっとうに仕事に就くことを拒否し、世間の注目を集めるために犯罪行為に走ろうとする若者が増えたとしたら、その責任は、日本型経営を安易にかなぐり捨てた経営者たち、それを声高に鼓吹してきた知識人たちにある。そして大学生たちが言葉や文字を忘れ去ってバーチャルな世界にこもっていくとしたら、それは間違いなく、学生たちとのきちんとした対話をやらず、改革の時流に乗って「即戦力」育成のみに活路を見い出さんとする大学側、教師の側に責任がある。

「大地的」なものが揺れるとすれば、その上に立つものは全て崩壊する。揺れはすでに始まっている。どの程度の揺れなのか、いつまで続くのかについては、私たちは冷静に見つめていく以外にない。

グローバリズムの未来

以上にのべたことは、ひとり日本だけにあてはまる話ではない。実は、グローバリゼーションという旋風が吹き荒れることによって、逆に「大地的」なるものを人びとに気づかせてしまうという皮肉な事態が、今や世界のいたる所で生じつつある。それはなぜなのか。

西部邁氏が鋭く論じていることだが、[7] グローバルという用語が登場する以前に私たちが慣れ親しんでいた同義語はインターナショナル（国際的）であった。だがこの両者には大きな違いがある。インターナショナルの本質的な意味は、ナショナル（国民的）とナショナルとを相互に関係づけることにあって、そこでは互いに異質であるナショナルなものの存在が前提されている。世界の全体像は、個々の異質性を前提にしそれらを組み合わせることで構成されるわけである。だからインターナショナリズムとナショナリズムは決して相対立するわけではなく、立派に両立することができる。これにたいしグローバリズムは根本的に違う。グローバリズムには国境は存在せず、したがって互いに異質な文化や文明の存在は度外視され、こうして世界は均質なものとしてあつかわれることになる。グローバリズムの対義語はローカリズム（地域主義）にほかならないが、こうなるとグローバリズムの本質からしてローカリズムは許容できない。いいかえるとグローバリズムは、ローカリズムの犠牲の上にはじめて成り立つのである。

このようにグローバリズムは「大地的」なものとは決して相容れることのできぬ、いわばその対極にある。そしてグローバリズムを世界に拡大していくためには、あらゆるローカリズムの抵抗を排除できる実力を持った主体がなければならない。いうまでもなく、このグローバリズムの担い手はアメリカであり、その発動と行使の基準はアメリカ国益である。

事実、一連のアジア経済危機があったあとの一九九八年二月、のちにアメリカ財務省長官に就任するローレンス・サマーズは次のように述べた(8)。

「アジア経済危機にさいしておこなわれたＩＭＦの救済策は適切なものだ。ＩＭＦの支援は慈善事業でもなければ儀礼でもない。それはアメリカの国益のためになされたものである。私たちはアメリカ国民の生活水準を守らねばならない。むしろ私たちは、この経済危機をアジアの門出にしよう」。

この率直さにはいささか唖然とさせられるが、サマーズによれば、九七年夏以降のアジア経済危機にたいするＩＭＦの対処はアメリカ国民の生活水準を守るため、つまりアメリカ国益のためになされたことになる。たしかにＩＭＦは第二次大戦による荒廃からヨーロッパを救い世界経済の安定に資するために設立されたのだから、その施策が結果的にアメリカの国益に結びつくのは当然である。だがサマーズが述べているのはそんなことではない。そしてアメリカの国益のために、あくまで国益を基準にすえてと、はっきり述べているのである。そしてアメリカはＩＭＦにおいて拒否権を持つ唯一の国だからこそ、ＩＭＦをつうじて自らの国益を追求しうる立場にあった。

しかし奇妙な話である。実際には「ＩＭＦの救済策」こそがアジア経済危機を深刻化させたのだということ、したがってこの経済危機は「アジアの門出」には決してならなかったことについては、すでに多方面から指摘されているにもかかわらず、サマーズがひとことも触れようとしていないからだ。いや、これが奇妙な話と受け取れるのは、私たちが私たちなりの常識に則って考えているからにすぎない。サマーズが本当に言いたかったのはこうなのだろう。たとえ経済危機に陥ったとしても、ＩＭＦの荒療治によってアジア社会が旧来の構造から脱却できるとすれば、それはアジアにとって立派な門出になるではないか、と。またそれこそがアメリカにとって国益にかなうことではないか、と。

実はこの点にこそ、私たちがアメリカ国益の本当の意味について理解する鍵がある。つまりそれは、アメリカの投資家の利益といった経済的なものにとどまるのではなく、アメリカ国家の威信そのものにかかわる理念的なものを包含しているのである。

たとえばマレーシアのマハティール首相が強い口調で語っているが(9)、マレーシア経済を危機に追い込んだのが投資家たちによる通貨の売り浴びせであったことは疑いえない事実だった。にもかかわらず欧米のアナリストたちは、「市場運営の不透明性こそが危機の原因である」と一斉に批判した。マハティール首相は次のように反論する。たしかにマレーシアにはアナリストたちが指摘する様々な問題点、たとえば政治腐敗、独占、縁故主義、労働者の質の悪さ、完璧とはほど遠い金融システムや商慣行などといった問題点がある。しかしマレーシアは、こうした構造をかかえながらも人類史上経験したことのない高度成長を遂げてきたではないか。むろん自分たちもそれらが国際競争力を弱め成功の足枷となるのであれば改善に努力するつもりではある。だがそれにしてもアナリストたちは、危機の真の原因が別のところにあるにもかかわらず、なぜこういった面ばかりを言いつのるのだろうか——と。つまりマハティール首相のいうことが真実だとすれば、アメリカの経済学者たちが俎上にあげたのは、マレーシア経済と社会の在り方そのものだったことになる。

かれらの言い分はこうだったのだろう。市場のリベラリズムに反するような経済システムは、もっぱら啓蒙し、つくりかえる対象でしかない。両者が共存する世界などあってはならない。なぜならば、市場原理が支配するガラス張りのような透明な社会こそ普遍であり、それ以外の社会は歪んでおり邪悪だからである。アメリカは正義と普遍を代表する国家であって、邪悪にたいしては直ちに十字軍を組織しなければならない、というわけだ。

この言い方はあまりに大げさ過ぎる、などと私は思わない。というのは、これはアメリカの対外政策に一貫する姿勢のように思われるからであり、現にこれと全く同一の思考様式が第二次大戦直後の日本における占領政策にもみられたからである。一般に戦勝国が敗戦国にたいして懲罰的態度で臨むのはまだわかるとしても、ここでの問題は、占領政策を実施する際のアメリカ側の姿勢であった。このことはヘレン・ミアーズの報告を読めば実にはっきりする。

ミアーズは一九四六年に占領軍総司令部労働局の諮問機関「十一人委員会」の一員として労働政策にたずさわった人物である。「十一人委員会」は、一人のヨーロッパ人を除いて残る全員がアメリカ人の学者たちであったが、ミアーズによれば[10]、委員すべてが日本に関する知識を何も持たず、しかも知識を持たないことについて何の痛痒も感じていなかった。では彼らはどのようにして占領政策をつくりあげていったのか。ミアーズは次のように語っている。

「普遍的に正しい経済原則というものがある。この原則と仕事の取り組み方を知っていれば、特定の状況について知らなくても、いかなる経済問題でも解決できる。日本がいままでどうであったか、などということにはまったく関心はない。なぜなら、われわれの仕事は日本をわれわれが考えているように変えることだからである――というのが彼らの基本姿勢だった。委員の一人はいつもアリストテレスとマキャベリの軽装本をもっていて、飛行機の中でも、しばしば目を通しては基本原則をしっかり頭に入れようとしていた」。

つまり委員会は、日本の歴史と現状にあわせてではなく、それを無視してもっぱら原理原則のみを適用させようとしたわけである。

実は、世界銀行副総裁でもあったジョセフ・E・スティグリッツが近著のなかで、IMF担当者たちが相手国の実情を無視して硬直した政策を一方的におしつけ続けたこと、いかなる意見にたいしても耳を貸さなかったこと、しかもその惨澹たる結果にたいして何の検証も反省もみせなかったことにたいし、詳細に批判を加えているのであるが[11]、その批判はミアーズのそれとぴったり重なりあう。こうした姿勢はまさに傲慢としかいいようがないが、それこそが、異質なもの（ローカリズム）をことごとく排除するというグローバリズムの本質を言い当てている。そしてアメリカの窮極の国益とは、普遍性を体現する国家としての威信を守りぬくことにある。

では最後に、グローバリズムの未来とはどのようなものか。それは世界を席巻しつづけるのだろうか。

私たちは、ジョン・グレイとともに、グローバリズムがこのまま世界を支配することはありえない、むしろ逆にローカリズムを浮上させることになるであろう、と断言していい。

グレイも指摘していることだが[12]、そもそもグローバリズムが世界を支配するといったことじたい、一種の自家撞着に陥っていることを意味する。グローバル化とは世界を均質なものへとつくりあげることであるが、しかし資本が自由に国境を越えて移動するのは、国と国、地域と地域との間に違いや格差が存在するからである。こうした違いや格差がなくなったとしたら——それはありえないことだが——、グローバル市場はただちに静止してしまうだろう。いいかえれば、完全にグローバル化された世界など観念のなかにしか存在することはできず、およそ現実性がないのである。グレイのいうとおり、それは「妄想」（ディルージョン）でしかない。

それればかりではない。このように現実性がないことを強引に推し進めようとすれば、それにたいする反作用を引き起こすか、それともフロイトのいうように抑圧された意識の潜在化をもたらすだけとなる。ローカリズムそのものを消滅させることなどとうていできない。それどころか、世界中でローカリズムの気運を高め、反グローバリズムの温床を準備するだけである。グレイも一貫して次のように強調している。「世界経済は単一の体制を普遍的なものにはしない。それは新しい種類の資本主義をあちこちに生み出し、新しい種類の体制を増殖させるのである[13]」と。グレイが「新しい資本主義」として具体的にあげているのは、中国を含む東アジア諸国、ロシアなどであるが、むろんここには日本も含まれるし、アフリカや南米の諸国にまでその範囲は広がることだろう。

いうまでもなく、グローバリゼーションは人類の外側で生じている自然現象ではない。人類をまきこんで、いや人間じしんがつくりだしている文字どおり社会現象のひとつである。グローバリゼーションの波におし流されるのか、それともそれに抗していくのかは、ひとえに人類の選択にかかっている。

今はっきりしているのは、世界の多くの人びとが、確実なもの、「大地的」なるものを心の底から求めているということである。

〔注〕

1 夏目漱石『私の個人主義』（講談社学術文庫、一九七八年八月）三七ページ以降。
2 エマニュエル・トッド『経済幻想』（藤原書店、一九九九年十月）一九ページ。
3 きだみのる『日本文化の根底に潜むもの』（大日本雄弁会講談社、一九五六年十二月）二八ページ。
4 和辻哲郎『風土』（岩波文庫、一九七九年五月）二二ページ。なお和辻はヨーロッパからの帰国後、日本の町の景観にみられる著しい「不釣り合い」にあらためて目を見張る。それは、幅の広い贅沢きわまる道路がある一方で、その左右には貧弱な家並みが控えているといった光景にあらわれている。和辻によれば、こうした不釣り合いは「日本現代文明の錯雑不統一」のあらわれであった。
5 佐伯啓思『貨幣・欲望・資本主義』（新書館、二〇〇〇年十二月）三六七ページ。
6 『福田恆存全集』第六巻（文藝春秋、一九八八年三月）三二一ページ。

7 西部邁『西部邁の論争の手引き』（日刊工業新聞社、一九九八年九月）二六〇ページ以降を参照。

8 植田信『ワシントンの陰謀』（洋泉社、二〇〇二年一月）四三ページ。

9 『文藝春秋』一九九八年八月号、一二六ページ以降を参照。

10 ヘレン・ミアーズ『アメリカの鏡・日本』（メディアファクトリー、一九九五年七月）五九～六〇ページ。

11 ジョセフ・E・スティグリッツ『世界を不幸にしたグローバリズムの正体』（徳間書店、二〇〇二年五月）を参照。

12 ジョン・グレイ『グローバリズムという妄想』（日本経済新聞社、一九九九年六月）八二ページ。

13 ジョン・グレイ、前掲書、七ページ。

著者略歴

嵯峨一郎（さが・いちろう）

1943年横浜市生まれ。

1966年東京大学経済学部卒。1972年東京大学大学院博士課程中退。1979年東京大学教養学部助手。1984年より熊本商科大学（現熊本学園大学）商学部教授、現在に至る。

主な著書に、

『日産争議1953』（五月社、1983年、共著）、『企業と労働組合』（田畑書店、1984年、単著）、『「他者」との出会い』（田畑書店、1985年、単著）、『錆色の路』（同書編集委員会、1991年、編著）、『市場経済の思想像』（九州大学出版会、1994年、共著）。現在、月刊誌「発言者」（西部邁主幹、秀明出版会）に執筆中。

日本型経営の擁護

二〇〇二年十二月三十一日発行
二〇〇八年十一月十五日第二刷発行

著者　嵯峨一郎
発行者　福元満治
発行所　石風社
〒810-0004 福岡市中央区渡辺通二—三—二四
電話〇九二（七一四）四八三八
印刷　株式会社チューエツ
製本　篠原製本株式会社